BEHR'S...VERLAG

Günter Rachfahl
Wolfgang Wiegand

Menü- und Speisekarten-Gestaltung – aber richtig!

Mit vielen Anleitungen aus der Praxis
für den Betriebsleiter und die
gastronomischen Ausbildungsbereiche

BEHR'S...VERLAG

Der Autor

Studiendirektor Günter Rachfahl (Jahrgang 1928), gelernter Koch mit zahlreichen Auszeichnungen bei internationalen Kochkunstausstellungen, Absolvent der Hotelfachschule Heidelberg, danach in verschiedenen Abteilungsleiter-Funktionen der Hotellerie, Studium am Staatlichen Berufspädagogischen Institut in Stuttgart, ist seit 1956 als Lehrer an der Fachschule für das Hotel- und Gaststättengewerbe in Heidelberg tätig.

Er ist Ratsmitglied der Gastronomischen Akademie Deutschlands und Referent in den Küchen-, Restaurant- und Hotelmeisterlehrgängen in Heidelberg und Baden-Baden, außerdem seit 1965 Mitglied in den Prüfungsausschüssen der Industrie- und Handelskammern Heidelberg und Baden-Baden.

Rachfahl befaßt sich insbesondere mit den Gebieten „Küchentechnologie", „Hotelorganisation" und „Personalwesen" und führt Fortbildungs-Seminare und Mitarbeiterschulungen durch.

Der Gastautor

Wolfgang Wiegand (Jahrgang 1943), gelernter Journalist, Public Relations- und Werbeberater, hat zehn Jahre lang als Redakteur deutscher Tageszeitungen gearbeitet, ehe er nach einigen Agentur-Jahren 1974 in Düsseldorf seine eigene Public Relations- und Werbeagentur gründete.

Zu seinen Beratungskunden zählen Unternehmen, die eng mit der Gastronomie zusammenarbeiten (Brauereien, Sektkellerei, Kaffee-Großröster) sowie mehrere Gastronomie-Gruppen. Außerdem schreibt Wiegand regelmäßig für verschiedene Fachzeitschriften und ist Autor einer Informationsreihe zur Wirteschulung.

CIP-Kurztitelaufnahme der Deutschen Bibliothek
Rachfahl, Günter:
Menü- und Speisekarten-Gestaltung — aber richtig! Mit vielen Anleitungen aus der Praxis für den Betriebsleiter und die gastronomischen Ausbildungsbereiche / Günter Rachfahl. — Hamburg: Behr, 1986. ISBN 3-922528-98-8

Verlag:
© BEHR'S ... VERLAG
B. Behr's GmbH & Co
Averhoffstraße 10, 2000 Hamburg 76
Fotos: Wiegand & Partner GmbH, Düsseldorf
Illustrationen: Manfred Radachowski, Düsseldorf
Satz: Klaus Kühn Fotosatz, 2000 Hamburg 70
Druck: Roco-Druck, 3340 Wolfenbüttel

„Nicht bloß von dem gedruckten Küchenzettel, sondern auch von dem geschriebenen läßt sich auf den Geist der Küche schließen.

Ich werfe nur einen Blick, aber er ist, hoffe ich, ein Kennerblick, in einem Gasthaus auf die Speisekarte, um zu sagen, ob ich essen will oder schon satt bin.

Wo sich ein liederlich hingekritzelter, falsch geschriebener Zettel befindet, da ist es unsauber und schlecht; man setze sich lieber nicht erst zu Tische."

Eugen von Vaerst (1792—1855)
aus „Gastrosophie oder die Lehre
von den Freuden der Tafel"

Die Sprache ist verräterisch: Sie deckt auch auf, woran es uns mangelt; vielleicht an gastronomischer Bildung!

Günter Rachfahl

Inhaltsverzeichnis

Vorbemerkung

Ob schon die vorchristlichen Ägypter und Assyrer Speiseangebote für ihre Gäste auf Papyrusblätter geschrieben haben oder ob die Gerichte anläßlich der Festessen der Römer und Griechen schriftlich verzeichnet wurden, um sie denen vorzulegen, die sie zu erlesenen Tafelfreuden um sich sammelten, läßt sich nicht nachweisen und muß daher eher als Annahme gelten.

Wir dürfen jedoch auch nicht für unsere heutige Zeit in Anspruch nehmen, dasjenige Kärtchen erfunden zu haben, auf dem die Speisefolge einer geschlossenen Mahlzeit aufgedruckt ist.

Aufzeichnungen aus den Jahren 1148, 1373, 1503, 1524 und 1563, die darüber Auskunft geben, was „man zu Tische aß", sind vorhanden.

Die erste, mit unserer heutigen Zeit vergleichbare Niederschrift der Gangfolge als Information für den „tafelnden Gast" soll Herzog Heinrich von Braunschweig „erfunden" haben, der beim Reichstag zu Regensburg dadurch Aufsehen erregte, daß beim „Schmaus ein langer Zedel bei ihm auf der Tafel liegen that, den er oftmals besahe".

Der Graf Hugo von Montfort fragte den Herzog schließlich, was er denn so eifrig lese. Der Zeitbericht meldet: „also ließ ihn der Herzog den Zedel sehen; darin hat ihm der Küchenmeister alle esen und trachten in der Ordnung ufgezeichnet und kunnt sich demnach der Herzog mit seinem esen darnach richten und sinen apetitum uf die besten trachten sparen".

(Tracht = aufgetragener „Gang"; Gang, weil zum Herbeibringen des neuen Gerichtes der Bedienstete jedesmal einen neuen Gang machen mußte.)

Diese „Küchenzettel" sind als Ausgangspunkt für die Entwicklung der Menükarte und Speisekarte anzusehen.

Zunächst waren die Karten auf die „Höfe" beschränkt, traten dann aber auch für den „kleinen Mann" ihren Siegeszug an. Der Fortschritt der Buchdruckerkunst und die Entwicklung des Gastgewerbes sorgten für eine weite Verbreitung und Anwendung von Menü- und Speisekarten.

Studiert man die vorhandenen Menüsammlungen, so ist man überrascht von der Vielfalt und dem Ideenreichtum, mit denen seit Hunderten von Jahren Hoteliers und Gastronomen — aber auch berühmte Künstler — Menükarten entworfen und gestaltet haben.

Die Aufstellung von Speisefolgen hat aber auch zu allen Zeiten Stilblüten getrieben, von denen leider auch die Gegenwart nicht verschont geblieben ist.

Bekannte Fachleute aus der Gastronomie hatten deshalb immer wieder Grund zu mahnen, die innere Form der Karten fachlich und sprachlich einwandfrei und die äußere Form ansprechend zu gestalten.

Die nachfolgenden „Gebote" sollen allen, die Speisefolgen zu konzipieren haben, eine wertvolle Orientierungshilfe sein.

Der Begriff „Menü"

Wenn man ein „Menü" bestellt, so wählt man damit eine vom Gastwirt zusammengestellte Speisefolge („Mittagessen" oder „Abendessen" ersetzt das Fremdwort vielfach), und zwar eine Speisefolge, die nur einige Gerichte der großen Speisekarte „Tageskarte"), also eine Auswahl, einen Ausschnitt aus der Fülle vorhandener Speisen herausgreift. Und diese *verkleinerte Speisekarte* bedeutet auch das französische „menu", was „das Kleine", „Einzelne" heißt, aus dem lateinischen „minutus" = „vermindert", „klein" abgeleitet.

Man kennt im Rechnen „minus" = „weniger", „davon ab". Und es sei auch an die Minute (minuta pars = kleiner Teil, nämlich der Stunde) als kurzes Zeitmaß erinnert, ferner an den Tanz mit den kleinen Schritten, den man als „menuet" in Frankreich tanzte (Menuett), und schließlich an den Minister, der der Kleinere, Geringere war, gemessen an der Größe beispielsweise eines Kanzlers, oder an den Ministranten, den kleinen Dienern.

Speisekarte oder Speisenkarte?

Beide Formen des Wortes, **Speisekarte** und **Speisenkarte,** sind korrekt. Das Bestimmungswort der ersten Form wird gewöhnlich zum Verb „speisen" gestellt („Karte, nach der man speist"). Es kann aber auch, ebenso wie Speisen — in der zweiten Form, zum Substantiv „Speise" gehören, vgl. „Speisekammer", „Speiseröhre", die gleichfalls das Substantiv enthalten. Die Form „Speisenkarte" versteht man als „Karte, auf der die Speisen verzeichnet sind".
(Quellen: Duden, Bd. 9 und Wörterbuch der deutschen Sprache, Bd. 6)

Anmerkung: Auch die Formen **Speisefolge** und **Speisenfolge** sind aus den gleichen Gründen korrekt.

I. Teil

Die Gebote beim Aufstellen von Menüvorschlägen

1. Gebot:
Die Menükarte ist eine wichtige „Visitenkarte" des Hauses!

Jeder mit der Erarbeitung von Menüvorschlägen betraute Mitarbeiter eines gastronomischen Betriebes sollte sich angesichts der Bedeutung der geschriebenen Speisefolge als Werbeträger bewußt sein, daß es unerläßlich ist, jeden Menüentwurf fachlich und sprachlich zu redigieren, bevor er in gedruckter Form in die Hand des Gastes gelangt.

Eine fehlerhafte Speisefolge ist keine Empfehlung für den gastronomischen Betrieb und für die in ihm Beschäftigten.

Auch hier gilt, was in der Werbung unabdingbar ist, „ein Menü muß klar, wahr, wirtschaftlich vertretbar und wirksam gestaltet sein".

Hinsichtlich der Wirksamkeit des Werbeträgers „Menükarte" sollte dabei der sogenannte „AIDA" — Effekt Beachtung finden: Das Menü muß Aufmerksamkeit (**a**ttention) erzielen, Interesse (**i**nterest) wecken, Wünsche (**d**esire) wachrufen und zur Handlung (**a**ction) führen.

Es ist besonders wichtig, daß der Gast, der mit dem geschriebenen Wort in einen „stummen Dialog" tritt, eine verständliche und umfassende Information über das Speiseangebot erhält und nicht mit einem unverständlichen „Küchen-Chinesisch" verwirrt wird.

Das gastronomische Angebot aus Küche und Keller muß Verkaufshilfe und Kontaktmedium zum Gast sein — in keinem Fall Hemmschwelle und damit der betrieblichen Verkaufsförderung im Wege stehen.

Jeder mit der Aufgabe „Menügestaltung" betraute Mitarbeiter sollte verhindern, daß er sich selbst oder den Betrieb in der Öffentlichkeit und in Fachkreisen der Lächerlichkeit preisgibt.

2. Gebot:
Sprachgemisch im Menü vermeiden!

Mit Ausnahme weniger fremdsprachlicher Begriffe (z.B. Roastbeef, Toast, Cocktail, Filet, Sauce), die seit geraumer Zeit einen festen Platz in der deutschen Sprache und selbstverständlich auch in der Küchenfachsprache haben (auch von der Dudenredaktion zugelassen), muß eine Vermischung mehrerer Sprachen in einer Speisefolge ausgeschaltet werden.

Man schreibt also nicht:	So hätte man schreiben müssen:
Deutsche Weihnachtsgans rôti	(Knusprig) Gebratene deutsche Weihnachtsgans
Salat russe	Russischer Salat
Klare Oxtail	Klare Ochsenschwanzsuppe
Schinkenmousseline	Feines (zartes) Schinkenmus
Steinpilze à la crème	Steinpilze in Rahmsoße
Lobster Cocktail	Hummer-Cocktail
Eis-Soufflé	Eisauflauf
Consommé mit juliennes von Gemüsen	Kraftbrühe mit Gemüsestreifen
Bouquettes von Spargelspitzen	Buketts von Spargelspitzen

14

3. Gebot:
Klassische Garnituren kennzeichnen vorgeschriebene Speisezusammenstellungen!

Die Namen von Garnituren der klassischen Küche müssen richtig geschrieben werden.

Die Garniturbestandteile müssen exakt und vollständig sein.

Man schreibt also nicht:

Sarah Bernhard
Duxelle
Bismark
Mirabau
Trautmanndorf
Termidor
Mayerbeer
Taillavent
Mantenon

▶

So hätte man schreiben müssen:

Sarah Bernhardt
D'Uxelles
Bismarck
Mirabeau
Trauttmansdorff
Thermidor
Meyerbeer
Taillevent
Maintenon

4. Gebot:
Auf Fantasiebezeichnungen nicht verzichten, aber erklären!

Neben der Anwendung klassischer Garnituren werden viele Köche eigene Ideen verwirklichen und ihren Speisekombinationen und -kreationen Fantasienamen verleihen.

Die so ausgestatteten Gerichte sollten jedoch in jedem Fall exakt und ausführlich erklärt werden, damit der Gast erkennt, was er erwarten darf.

Man schreibt also nicht:	So hätte man schreiben müssen:
Gaumenschmaus nach Art des Hauses	Gaumenschmaus nach Art des Hauses — Kalbslendchen mit gekochtem Schinken am Spieß, dazu Ingwerreis, Currysoße und Ananas
Forstmeisterschnitte	„Forstmeisterschnitte" — Hirschsteak mit Pilzmus, Rindermarkscheiben und Kräutern auf geröstetem Bauernbrot
Charmante Vorspeise	Charmante Vorspeise — Getrüffelte Hasenpastete mit Quittengelee
Exquisite Cocktailhappen	Exquisite Cocktailhappen — belegt mit gebeiztem Lachs, Beluga-malossol-Kaviar, gekochtem Ei mit Sardellengitter, Kräuter-Gervais, Lachsschinken und Räucheraal
Meeresfrüchte, wie unser Küchenchef sie liebt	Meeresfrüchte, wie unser Küchenchef sie liebt — Miesmuscheln, Austern, Garnelen, Krebsschwänze, Seezungenschleifchen, Champignons und Spargelspitzen mit Currysoße im Reisrand
Katerfrühstück	Katerfrühstück — bestehend aus Matjesfilets nach Hausfrauenart, Rollmops, Räucherlachs, Solei, Berliner Bulette, Dillgurken, Weißkäse mit Kümmel, Zwiebeln und Kräutern
Ländliche Freude	„Ländliche Freude" — Rührei mit Katenrauchschinken und Senfgurken auf Vollkornbrot
Schäferspieß	„Schäferspieß" — Lammnüßchen, mit Knoblauch gewürzt, und Speck am Spieß gebraten, dazu Pellkartoffeln

Anmerkung:
Es ist zu prüfen, inwieweit die vorstehenden Gerichte in ein Menü passen!

5. Gebot:
Zu viele Garniturbezeichnungen in einem Menü vermeiden!

Man schreibt also nicht:

Gänseleber in Gelee
nach Königinart

Kraftbrühe Royal

Seezungenschnitten Marguery

Rinderlende Wellington

Eisbombe Nesselrode

Man hätte schreiben können:

Gänseleber in Gelee
nach Königinart

Kraftbrühe mit Eierstich

Gedünstete Seezungenschnitten
mit Muscheln und Krevetten
in Weißweinsoße

Rinderlende mit Pilzfüllsel
im Blätterteigmantel, Trüffelsoße,
Kopf- und Endiviensalat

Eisbombe Nesselrode

6. Gebot:
Anführungszeichen nur dort setzen, wo sie unvermeidlich sind!

Man schreibt also nicht:

Hammelrücken ,,Nelson"

Seezunge ,,Colbert"

Pfirsich ,,Melba"

Kremsuppe ,,Argenteuil"

Tournedos ,,Helder"

Rehmedaillons ,,Försterinart"

So hätte man schreiben müssen:

(Klassische Garnituren)

Hammelrücken Nelson

Seezunge Colbert

Pfirsich Melba

Kremsuppe Argenteuil

Tournedos Helder

Rehmedaillons nach Försterinart

Man schreibt auch:

(übrigens auch ohne Komma)

Forelle blau

Hecht grün

Man müßte jedoch schreiben:

(Fantasiebezeichnungen)

,,Kraftprotz"

,,Studentenkuß"

,,Leckermaul"

,,Heidetraum"

Eisauflauf ,,Rot-Weiß"

Eistorte ,,Jahreswende"

7. Gebot:
Den französischen Begriff „à la" (manière de, mode de) analog in den deutschen Sprachbereich (nach ... Art, auf ... Art) übertragen!

Man schreibt also nicht:	Man muß schreiben:	aber auch:
Wildschweinskeule Waidmannsart	Hammelragout *nach* Gutsherrenart	Rinderlende *nach Art* des Herzogs von Wellington
Rumpsteak Feinschmeckerart	Seezunge *auf* Matrosenart	Seezunge *nach Art* des Jean-Baptiste Colbert
Scholle Müllerinart	Kalbsrücken *auf* Frühlingsart	Englisch gebratenes Roastbeef *nach Art* der Gärtnerin

8. Gebot:
Zusammengesetzte Hauptwörter zusammenschreiben!

Man schreibt also nicht:	So hätte man schreiben müssen:
nach Husaren Art nach Kardinals Art nach Zigeuner Art nach Herbst Art	nach Husarenart nach Kardinalsart nach Zigeunerart nach Herbstart

9. Gebot:
Bei Anwendung von Orts- und Ländernamen als Garnitur die exakte Schreibweise beachten!

Garnituren, die besondere Zubereitungen darstellen, werden getrennt geschrieben. Dabei ist jedoch zu unterscheiden, ob die Orts- bzw. Ländernamen auf „isch" oder „er" enden.

Man muß also schreiben:

auf englische Art
mit italienischem Käse
mit russischem Kaviar
mit westfälischem Schinken
auf indische Art
auf schottische Art

Getrennt und Kleinschreibung

Aber:

Berliner Pfannkuchen
Münchner Sauerkrautplatte
nach Ostender Art
nach Toulouser Art
nach Mailänder Art
Danziger Goldwasser
Wiener Würstchen
auf Berliner Art
Frankfurter Soße
nach Moskauer Art
nach Schweizer Art
nach Pariser Art
nach Brüsseler Art
Helgoländer Hummer

Getrennt und Großschreibung!

10. Gebot:
Nur solche Fachausdrücke benutzen, die dem Gast <u>in der Regel</u> bekannt sind!

Bei der Verwendung von Küchenfachausdrücken muß überlegt werden, ob der Gast im wirksamen Einzugsbereich des Betriebes diese Begriffe versteht.

Dann schreibt man:

> Glasierte Kalbsnuß
>
> Mariniertes Heringsfilet
>
> Flambierte Himbeeren
>
> Grillierte Tomate
>
> Pochierte Hechtschnitte

Anmerkung:

Nur wenigen Gästen werden Ausdrücke wie ,,bardieren", ,,en papillote", ,,braisieren", ,,nappieren", ,,sautieren", u.a. bekannt sein.

Dann müßte geschrieben werden:

> spicken (mit Speck umwickeln)
>
> umhüllt (in der Pergamenthülle, in der Folie)
>
> schmoren
>
> überziehen (mit Soße überziehen)
>
> braten (in der Pfanne braten)

11. Gebot:
Da jede Wiederholung im Menü eintönig wirkt, muß sie verhindert werden!

Man schreibt also nicht:

Gänseleberparfait

Hühnerkraftbrühe mit Eierstich

*Zanderschnitte
mit holländischer Soße
und Petersilienkartoffeln*

*Gegrilltes Filetsteak
mit Bearner Soße
Prinzeßbohnen
Streichholzkartoffeln*

Omelett mit Konfitüre

Das Menü enthält zweimal Geflügel!

Aufgeschlagene Soßen treten zweimal in Erscheinung!

In vier Gerichten werden Eier verwendet!

Die Kartoffeln werden zweimal als Beilage benutzt!

Mit Krabbensalat gefüllte Tomaten

Hummerkremsuppe

Hechtschnitte Orly

*Gekochte Rinderbrust
mit Meerrettichsoße
Brühkartoffeln
Rote Beete*

Frische Erdbeeren mit Sahne

Man beachte in diesem Menü die einseitige rote Farbgebung!

Außerdem bestehen die ersten drei Gänge aus Gerichten „aus dem Wasser"!

Rehfilets in Madeira-Aspik

*Falsche Schildkrötensuppe
mit Sherry*

Felchen nach Müllerinart

Hirschrücken mit Burgundersoße

*Apfelscheiben,
in Kirschwasser eingelegt,
und als Krapfen ausgebacken*

Alkoholhaltige Flüssigkeiten werden in diesem Menü viermal verwendet!

Man beachte die braune Farbe des Menüs!

Es werden zweimal Wildgerichte angeboten!

Drei Hauptrohstoffe sind gebraten, ein Hauptrohstoff gebacken!

23

12. Gebot:
Die Beilagen in einem Menü auf die Hauptrohstoffe harmonisch abstimmen!

Man schreibt also nicht:

Schinkenröllchen mit Spargelspitzen
Sahnemeerrettich
(Spargelspitzen und Sahnemeerrettich?)

Zanderschnitte vom Rost
Holländische Soße
Schwenkkartoffeln
(Gegrillter Fisch und holländische Soße?)

Forelle blau
Zerlassene Butter
Pariser Kartoffeln
(Pariser Kartoffeln sind gebratene Kartoffeln!)

Junge Ente Bigarade
mit gegrillter Tomate
Grüne Nudeln
(Pomeranzenfilets und gegrillte Tomate und grüne Nudeln?)

13. Gebot:
Beilagen klassischer Gerichte aufzeichnen!

Die allzu große Nüchternheit beim Abfassen eines Menüs sollte unterbleiben. Ausschmückungen in einem Menü kommen den „Farbtupfern" gleich, mit denen der Maler „sein Bild" zur Geltung bringt.

Nicht selten wird dadurch auch beim betrachtenden Gast der Preis für ein Menü gerechtfertigt. Die „Farbtupfer" müssen ausgewogen angebracht werden!

Man sollte nicht nur schreiben:	So hätte man schreiben sollen:
Rumpsteak Helder	Rumpsteak Helder — mit Bearner Soße, Artischockenböden und gedünsteten Tomaten
Seezunge Colbert	Seezunge Colbert — paniert und gebacken, mit Haushofmeisterbutter
„Lucca-Augen"	„Lucca-Augen" — Tatar auf Toastschnitte mit einer Auster und Kaviarkranz
Kalbsrücken Richelieu	Kalbsrücken Richelieu — mit gedünstetem Kopfsalat, gefüllten Tomaten, gefüllten Champignonköpfen und Schloßkartoffeln

14. Gebot:
Die Reihenfolge der Gänge nach den Regeln der klassischen Speisefolge einhalten!

Klassische Speisefolge (Sie dient als Modell für die Zusammenstellung jedes Menüs in verkürzter Form)

Kalte Vorspeise	Hors-d'œuvre froid
Suppe	Potage
Warme Vorspeise	Hors-d'œuvre chaud
Fischgericht	Poisson
Hauptgericht	Relevé (grosse pièce)
Warmes Zwischengericht	Entrée chaude
Kaltes Zwischengericht	Entrée froide
Gefrorenes Getränk	Sorbet
Bratengang	Rôt
Gemüsegericht	Entremets de légumes
Warme Süßspeise	Entremets de douceur chaud
Kalte Süßspeise	Entremets de douceur froid
Käsegericht	Entremets de fromage
Nachtisch	Dessert
Mokka	Moka

Anmerkungen

Relevé ist ein Gericht dann, wenn es nach dem Wegnehmen (relever) des Suppengedecks serviert wird und den Charakter einer warmen Vorspeise hat. Ein Relevé ist kein sättigender Gang. Oft sind es Pfannengerichte (sautés).

Grosse Pièce ist ein Gericht dann, wenn ein größeres Stück Schlachtfleisch, Geflügel oder Wild mit sättigenden Beilagen serviert wird.

Rôt ist ein Gericht dann, wenn es sich um ein Bratenstück (rôti) z.B. Roastbeef, Hammelrücken, Hirschkeule, Poularde handelt. Als Beilagen dienen (klassische Küche!) ausschließlich Salate und/oder Kompotte und gebackene Kartoffeln.

Da der selbständige Gemüsegang heute vielfach wegfällt, wird ein Rôt auch mit Gemüsen oder/und Salaten serviert.

Ob ein Käsegericht vor oder nach den Süßspeisen gereicht wird, hängt wesentlich auch von den korrespondierenden Getränken ab!

Die vollständige klassische Speisefolge, an zwei Beispielen demonstriert

I. Blue-Point-Austern Chesterschnitten	→ Kalte Vorspeise
Doppelte Kraftbrühe mit Madeira	→ Suppe
Verlorenes Ei auf Blattspinat mit gedünsteten Schinkenstreifen	→ Warme Vorspeise
Seezungenschnitte mit Krevetten in Weißweinsoße, Petersilienkartoffeln	→ Fischgericht
Gebratene Lammnüßchen junge grüne Bohnen, Römische Nocken	→ Hauptgericht
Blätterteigpastetchen mit Ragout von Kalbszungen	→ Warmes Zwischengericht
Roastbeefröllchen mit geschabtem Meerrettich auf Gemüsesalat	→ Kaltes Zwischengericht
Mandarinen-Sorbet	→ Gefrorenes Getränk
Gebratener Masthahn, Waffelkartoffeln, Apfelkompott	→ Bratengang
Gefüllte Auberginen mit Pfifferlingen	→ Gemüsegericht
Kleine Pfannkuchen mit Cognac-Krem	→ Warme Süßspeise
Reis Trauttmansdorff	→ Kalte Süßspeise
Briekäse und Camembert	→ Käsegericht
Teegebäck	→ Dessert
Mokka	

II. Gefüllte Eier mit Spinatmus Röstbrot und Butter	→ Kalte Vorspeise
Klare Ochsenschwanzsuppe mit altem Sherry	→ Suppe
Gebackenes Kalbsbries mit Tomatensoße	→ Warme Vorspeise
In Weißwein gedünstete Zanderschnitte Holländische Soße, Dampfkartoffeln	→ Fischgericht
Schweinefilet im Wirsingbett	→ Hauptgericht
Hummer-Auflauf mit Blätterteighalbmonden	→ Warmes Zwischengericht
Salat von Austernpilzen	→ Kaltes Zwischengericht
Champagner-Sorbet	→ Gefrorenes Getränk
Mastente mit Maronenfüllung Berny-Kartoffeln, Orangensalat	→ Bratengang
Schwarzwurzeln mit Kräutern	→ Gemüsegericht
Diplomaten-Pudding mit Soße von weißen Johannisbeeren	→ Warme Süßspeise
Nougat-Halbgefrorenes	→ Kalte Süßspeise
Gervais-Käsekrem	→ Käsegericht
Mürbeteigplätzchen	→ Dessert
Mokka	

Merke:

Menüs mit *allen* Gängen der klassischen Speisefolge werden heute nicht mehr angeboten, es sei denn, es soll sich um eine typische Demonstration handeln!

Beispiele für die Gänge einer klassischen Speisefolge

Kalte Vorspeisen

Medaillons von getrüffeltem Gänseleber-Parfait auf Artischockenböden Melba-Toast

Aalgalantine mit Dillrahm-Meerrettich, Toast

Gefüllte Eier mit Beluga-malossol-Kaviar, Toast und Butter

Geräucherte Gänsebrust auf Waldorf-Salat, Röstbrot

Suppen

Fasanenkraftbrühe mit Selleriestreifen

Geflügelkremsuppe mit Spargelspitzen

Klare Ochsenschwanzsuppe mit Sherry

Erbsensuppe St. Germain

Warme Vorspeisen

Kalbsmedaillon im Blätterteigmantel

Warmes Schinkenschaumbrot auf Blattspinat

Gedämpfte Lammzungen mit Tomatenwürfeln

Gefüllte Hühnerbrust auf Lauchstreifen

Fischgerichte

Bodenseefelchen nach Müllerinart, Dampfkartoffeln, Kopfsalatherzen in Kräutersoße

Steinbuttschnitte vom Rost, Hummerbutter, Petersilienkartoffeln

Sankt Petersfisch auf Fenchelgemüse mit Safransoße, Butterreis

Aischgründer Karpfen in Paprikasoße, Butternudeln

Hauptgerichte als relevé

Rehkoteletts mit Kräuter-Pfifferlingen, Maronentörtchen
Gebratene Kalbsleber mit Wacholdersoße auf Blattspinat, Römische Nocken
Gedämpfte Ochsenbrust mit Meerrettichsoße, Brühkartoffeln
Überbackene Hühnerbrust, Stangenspargel, Blätterteighalbmonde

Hauptgerichte als grosse pièce

Gespickter Rehrücken, Sauerrahmsoße, Rosenkohl, Steinpilze, handgeschabte Spätzle
Englisch gebratenes Roastbeef, Yorkshire-Pudding, Fenchelsalat
Gekochte Hammelschulter, Kapernsoße, junge grüne Bohnen, Schmelzkartoffeln
Geschmorte Rinderhüfte mit weißen Rübchen und Karottenstiften, Kartoffelplätzchen

Warme Zwischengerichte

Blätterteigpastetchen mit Champignons in Rahmsoße
Schweinsfilet im Netz mit Blattspinat gefüllt auf Burgundersoße
Gedämpfte Hühnerbrust mit Kürbisgemüse und glasierten Gurken
Schwarzwurzelstrudel auf Kräutersoße

Kalte Zwischengerichte

Rehmedaillons mit Cumberlandsoße
Geräuchertes Störfleisch mit Keta-Kaviar,
Gehacktes Ei und saure Sahne
Hummermedaillons mit Trüffelfäden, Spargelsalat
Fasanenbrüstchen in Madeira-Aspik, Senffrüchte

Gefrorenes Getränk

Zitronen-Sorbet

Eispunsch nach römischer Art

Champagner-Sorbet

Eiskaffee mit Schokoladenraspeln

Bratengänge (rôt)

*Gebratener Kalbssattel mit Zwiebelreismus und Mornay-Soße,
Waffelkartoffeln, Tomatensalat*

Gebratenes Masthuhn mit Leberfüllung, gebackene Kartoffeln, Apfelkompott

*Gespickte Hirschkeule mit Wacholderrahmsoße,
gedünstete Trauben, Kartoffelkroketten, Preiselbeeren*

Rosa gebratenes Rinderfilet, Bearner Soße, Streichholzkartoffeln, Eichenlaubsalat

Gemüsegerichte

Gebackene Auberginen mit Tomatensoße

Steinpilze mit Rindermarksoße

Artischockenragout in Kräuter-Rahmsoße

Gedämpfter Staudensellerie mit Roquefort-Käse überbacken

Warme Süßspeisen

Omelett mit Konfitüre

Topfenpalatschinken

Kabinettpudding mit Weinschaumsoße

Apfelstrudel mit Vanillesoße

Kalte Süßspeisen

Grießflammeri mit Himbeersoße
Erdbeerkrem mit Hippenblättern
Mokka-Halbgefrorenes in Meringen-Schalen
Reist Trauttmansdorff mit Fruchtmark

Käsegerichte

Welsh rarebit
„Tatar" von Ziegenquark mit frischen Gartenkräutern
Käsebäckerei
„Zebraschnittchen"

Nachtische

Frische exotische Früchte
Nougat-Pralinen
Teegebäck
Sacher-Torte

Anmerkung:

Man beachte die Schreibweise Mokka (deutsch) — Moka (französisch) — Mocca auch mocha (englisch).

15. Gebot:
Bei Abfassung eines Menüs hinsichtlich der Reihenfolge der Bestandteile eines Ganges folgender Empfehlung folgen!

Bestandteile:

Hauptrohstoff
↓
eventuell mit einer besonderen Präparation
↓
Garnitur
↓
Soße
↓
Gemüse
↓
Pilze
↓
Kartoffeln, Teigwaren, Reis
↓
Salate
↓
Kalte Beilagen

Beispiel:

Rehrücken

gespickt

nach Waidmannsart

mit Wacholderrahmsoße

Rosenkohl

Steinpilze

Kartoffelkroketten

Selleriesalat

Preiselbeeren

16. Gebot:
Das Wort „frisch", im Zuge der Cuisine nouvelle immer häufiger benutzt, richtig anwenden!

Wenn — wie es offensichtlich gewollt wird — der Unterschied zwischen der Frischware (Marktware) und konservierter Ware herausgestellt und dadurch womöglich der höhere Preis des Gerichtes — aus frischen Waren hergestellt — gerechtfertigt werden soll, sollte die Schreibweise wie folgt sein:

Man schreibt also nicht:	Sondern es muß heißen:
Frischer Obstsalat	Salat von frischen Früchten
Frische Artischockenrahmsuppe	Rahmsuppe von frischen Artischocken
Frischer Hummer-Cocktail	Cocktail von frischen Hummern
Frisches Apfelmus	Mus von frischen Äpfeln
Frisches Lachsmedaillon	Medaillons von frischem Lachs

(... denn frisch sind die Speisen hoffentlich immer, ob von konservierten Waren oder aus der Marktware hergestellt!

17. Gebot:
Geographische Attribute
mit größter Vorsicht anwenden!

Bei der Zuhilfenahme geographischer Beifügungen ist in jedem Fall zu prüfen, ob es sich dabei um eine Zubereitungsart handelt oder um die Bestimmung einer besonderen Qualität bzw. Herkunft des Materials.

Zubereitungen:

Bayrische Leberknödel
Hamburger Hacksteak
Schwäbischer Suppentopf
Thüringer Klöße
Berliner Pfannkuchen
Wiener Rostbraten

unbedenklich!

**Bestimmung der Qualität
bzw. Herkunft:**

Helgoländer Hummer
Brüsseler Poularde
Bresser Geflügel
Schottisches Angus Beef
Limfjord-Austern
Cognac
Champagner

bedenklich!

Man beachte: Irreführung des Gastes (Warenunterschiebung!)

18. Gebot:
Eigenschaftswörter im Menü klein schreiben!

Man muß also schreiben:

mit handgeschabten Spätzle
mit erlesenem Frühlingsgemüse
mit feinen Erbsen
auf gebutterten Nudeln
mit gezuckerten Erdbeeren
mit neuen Kartoffeln

aber:

Gedünstete Seezungenschleifchen
Geschmelzte Tomaten
Gebutterter Reis

19. Gebot:
Die im Menü oft zu lesenden Verstümmelungen vermeiden!

Man schreibt also nicht:

Obstsalat mit Kirsch
Hirschrücken in Wacholderrahm
Spiegelkarpfen in Bier
Geflügelkrem
Getrüffeltes Gänseleberparfait
in Portwein
Seezungenfilets in Weißwein

Ochsenschwanzsuppe mit Porto

So hätte man schreiben müssen:

Obstsalat mit Kirschwasser
Hirschrücken mit Wacholderrahmsoße
Spiegelkarpfen in Biersoße
Geflügelkremsuppe
Getrüffeltes Gänseleberparfait
in Portweingelee
Seezungenfilets in Weißwein
gedünstet
Ochsenschwanzsuppe mit Portwein

20. Gebot:
Bei der Nachstellung von Attributen (Adjektiven) die Kommasetzung beachten!

Man muß also schreiben:

> Schellfisch, gekocht
>
> Kalbsleber, gebraten
>
> Rinderzunge, gepökelt
>
> Mastente, kastanienbraun
> aus dem Ofen
>
> Eisbombe, garniert mit Hippenblätter
>
> Paprikaschoten, gefüllt mit einem
> würzigen Fleischmus
>
> Schellfisch, gekocht, mit Senfbutter
> und Salzkartoffeln

Da die Kommasetzung in einem Menü unfein wirkt, sollten die Beifügungen vorangestellt werden.

Man sollte also schreiben:

> Mit Spargelspitzen gefüllte
> Schinkenröllchen
>
> Englisch gebratene Rinderlende
> mit Fenchelgemüse
>
> Gespickter Rehrücken
> mit Pfifferlingen
>
> Geschmorte Lammkeule
> mit grünen Bohnen
>
> Gedünstete Lachsschnitte
> auf Blattspinat

21. Gebot: Bindestriche bei längeren Wortkombinationen setzen!

Bindestriche dort setzen, wo lange Wortkombinationen vorliegen und durch sie eine bessere Lesbarkeit erreicht wird!

Man schreibt also nicht:

Weihnachtsorangeneistorte

Vanilleeisauflauf

Tomatenmakkaroniauflauf

Preiselbeersahnemeerrettich

Man schreibt:

Weihnachts-Orangeneistorte

Vanille-Eisauflauf

Tomaten-Makkaroni-Auflauf

Preiselbeer-Sahnemeerrettich

Man schreibt auch:

Sarah-Bernhardt-Kartoffeln

Apfel-Sellerie-Salat

Brillat-Savarin-Törtchen

Saint-Germain-Suppe

Bananen-Halbgefrorenes

Baronin-von-Rothschild-Auflauf

22. Gebot:
Bei Verwendung eingedeutschter Begriffe aus der französischen Sprache auf Akzente verzichten!

| é = aigu | è = grave | ê = circonflexe |

Man schreibt also:

Französisch:

| le ragoût |
| la purée |
| le médaillon |
| la gelée |
| la rémoulade |
| la côtelette |

Deutsch:

| das Ragout |
| das Püree |
| das Medaillon |
| das Gelee |
| die Remoulade |
| das Kotelett |

23. Gebot:
Orthographische Fehler im Menü ausschalten!

Was soll der Gast von dieser Schreibweise halten!

Fehlerhaft:

| Wachholder |
| Gries |
| Wallnüsse |
| Johannesbeergelee |
| Madairawein |
| Kängeruhschwanzsuppe |
| Gebeitzter Lachs |
| Westfählischer Schinken |
| Flammerie |
| Himbeer-Halbgefrohrenes |

Berichtigung:

| Wacholder |
| Grieß |
| Walnüsse |
| Johannisbeergelee |
| Madeirawein |
| Känguruhschwanzsuppe |
| Gebeizter Lachs |
| Westfälischer Schinken |
| Flammeri |
| Himbeer-Halbgefrorenes |

24. Gebot: Die grammatikalischen Formen beachten!

Man schreibt also nicht:

Gebratene Hasenkeule
mit Kartoffelklöße

Roquefortkrem
mit englischen Staudensellerie

Kalbsteak mit feine junge Erbsen

Hirschlende mit Steinpilze

Man hätte schreiben müssen:

Gebratene Hasenkeule
mit Kartoffelklößen

Roquefortkrem
mit englischem Staudensellerie

Kalbsteak mit feinen jungen Erbsen

Hirschlende mit Steinpilzen

25. Gebot: Trennungen und Zeichen in einem Menü vermeiden!

Man schreibt also nicht:

Glasierte Kalbsnuß mit verschiedenen Gemüsen + Dampfkartoffeln

Rehrücken mit Senffrüchten/
Cumberlandsoße, Toast + Butter

So hätte man schreiben müssen:

Glasierte Kalbsnuß mit jungen
Erbsen und Möhren, Dampfkartoffeln

Rehrücken mit Senffrüchten,
Cumberlandsoße, Toast und Butter

26. Gebot: Einzahl (Singular) und Mehrzahl (Plural) beachten!

Kartoffeln	Äpfel	Salate
Gurken	Maronen	Austern

27. Gebot:
Auf Abkürzungen im Menü verzichten!

Abkürzungen in einem Menü sind für den Gast eine Zumutung, vielfach nicht deutbar und aus ästhetischen Gründen abzulehnen.

Man schreibt also nicht:	**Man hätte schreiben müssen:**
Schwarzw. Forelle blau m. zerl. Butter	Schwarzwälder Forelle blau mit zerlassener Butter
Gebr. Kartoffeln mit Zwiebeln	Gebratene Kartoffeln mit Zwiebeln
Gesp. Hasenkeule m. Apfelm.	Gespickte Hasenkeule mit Apfelmus
Junge Vierl. Mastente	Junge Vierländer Mastente
Gef. Wachtelbrüstchen gw. m. engl. Senf	Gefüllte Wachtelbrüstchen gewürzt mit englischem Senf

28. Gebot:
Liebhabergerichte nicht ohne Zustimmung des Gastes in ein Menü aufnehmen!

Da — insbesondere bei Extraessen — eine größere Anzahl von Gästen teilnimmt, sollten typische Liebhaberspeisen nicht angeboten werden.

Beispiele:

Froschschenkel — Kalbsbeuschel — Karpfen nach polnischer Art — Labskaus
Kalbskopfragout — Tintenfisch — Seeigel — Kutteln

29. Gebot:
Nur wirkliche Gedecksuppen berücksichtigen!

Die folgenden Suppen beispielsweise sind keine Gedecksuppen, sondern à la carte-Suppen. Das machen Zusammensetzung, Menge und Anrichteweise deutlich!

> Bouillabaisse — Clam Chowder — Gaisburger Marsch — Olla Podrida
> Ungarische Gulaschsuppe — Französische Zwiebelsuppe — Borschtsch
> Hamburger Aalsuppe — u.a.

30. Gebot:
Jahreszeitliche Angebote im Menü berücksichtigen!

Ungeachtet der Möglichkeit des ganzjährigen Bezugs von Rohstoffen (auch im Ausland), müssen die in den Saisonzeiten angebotenen heimischen Produkte im Menü in Erscheinung treten.

Beispiele:

Spargel, Morcheln und Matjes	Mai, Juni
Trüffel und Schwarzwurzeln	November bis Januar
Erdbeeren	Juli
Gurken	Juni bis Oktober
Krebse und Schollen	Mai bis August
Rebhuhn	Oktober, November
Hase	November, Dezember
Himbeeren	Mai bis September
Rote Rüben	September, Oktober
Steinpilze	Juni bis August

31. Gebot: Ernährungsphysiologische Anforderungen beachten!

In Anlehnung an die „Dietary Guidelines for Americans" — 1980 —.

- Essen Sie immer vielseitig — nie einseitig!
  (Abwechslung bei der Rohstoffauswahl)
  "Eat a varity of foods"
- Achten Sie auf das Körpergewicht und halten Sie es im Normalbereich!
  (Normalgewicht halten)
  "Maintain ideal weight"
- Vermeiden Sie zuviel Fett sowie fett- und cholesterinreiche Produkte!
  (Zuviel Fett und Cholesterin meiden)
  "Avoid too much fat, saturated fat and cholesterol"
- Essen Sie wieder mehr ballaststoffreiche und stärkehaltige Nahrungsmittel!
  (Ballastreiche und stärkehaltige Kost)
  "Eat foods with adequate starch and fibre"
- Seien Sie geizig mit Zucker und Süßigkeiten!
  (Wenig Zucker und Süßigkeiten)
  "Avoid too much sugar"
- Würzen? Ja, aber sparsam mit Salz!
  (Sparsamkeit beim Salzverbrauch)
  "Avoid too much sodium"
- Seien Sie zurückhaltend beim Genuß alkoholischer Getränke!
  (weniger alkoholische Flüssigkeiten)
  "If you drink alcohol, do so in moderation"

Diese Leitsätze sollten auch bei der Zusammenstellung von Menüs berücksichtigt werden.

32. Gebot: Preisgestaltung im Auge behalten!

Die Menüs müssen betriebsspezifisch kalkuliert sein, wobei neben der *Kostenstruktur* des Betriebes auch die *Kaufbereitschaft der Gäste* und die *Preispolitik der Mitbewerber* berücksichtigt werden müssen.

Einfaches Kalkulationsschema:

Materialkosten		
	+ Gemeinkosten	= Selbstkosten
	+ Gewinn	= Kalkulierter Preis
	+ Bedienungsgeld	= Teil-Inklusiv-Preis
	+ Mehrwertsteuer	= Inklusiv-Preis (Kartenpreis)

33. Gebot:
Die Leistungsfähigkeit des Betriebes hinsichtlich der zur Verwendung kommenden Warenarten prüfen!

Lager-, Produktions- und Verkaufs*räume* müssen harmonisch auf die zur Verarbeitung und zum Verkauf kommenden Waren, die das Menü gestalten, abgestimmt sein.

Die Anzahl und Eignung des *Personals* muß geprüft werden.

Die *technischen Einrichtungen* müssen ausreichend zur Verfügung stehen.

Der *organisatorische Ablauf* muß küchen- und serviertechnisch gewährleistet sein.

Die folgende Menü-Konstruktion — für zweihundert Personen gedacht — soll aufzeigen, wie schnell man sich küchen- und serviertechnisch in Schwierigkeiten bringen kann:

Verlorenes Ei mit grüner Soße *Toast*	→	Fertigung, Anrichteweise und das Vorlegen der verlorenen Eier belasten unnötig! Zweihundert Scheiben Toast müssen kroß serviert werden!
Überbackenes Schneckensüppchen	→	Zum Überbacken der Suppe müssen die technischen Vorrichtungen vorhanden sein!
Forelle blau, zerlassene Butter, *Dampfkartoffeln, Gurkensalat*	→	Forellen in dieser Zubereitungsart werden fachgerecht in einem Fisch-Servier-Kessel (poissonnière) angeboten, damit der Gast sie blau und heiß erhält!
Lendenschnitte Mirabeau *— mit Sardellengitter,* *entsteinten Oliven und* *Bertramblättern — Nußkartoffeln*	→	Die Anrichteweise der Garnitur bei zweihundert Lendenschnitten ist mühsam! Die Nußkartoffeln müssen ausgestochen werden!
Vanille-Himbeer-Eisbombe *mit Hippenblättern*	→	Die Eisbombe muß sachgerecht tranchiert und vorgelegt werden (Fachkräfte im Service!)!

34. Gebot:
Vervielfältigungen und Kopien sauber und lesbar anfertigen!

Eine solche Speisefolge ist — selbst in der einfachsten Gaststätte — für den Gast eine Zumutung.

Klare Ochsenschwanzsuppe

Heilbutte m/Holländischer Sce., Kartöffelchen

Mastkalbsrücken
Blumenkohl auf polnische Art u· Schloßkartoffeln

Käseplatte m/Butter

35. Gebot:
Dreckfehler, Tippfehler, Verbesserungen und Streichungen ausschalten!

36. Gebot:
Schriftart, Buchstabengröße und Buchstabenfarbe abstimmen!

Die Schriftart muß dem Typ des Hotels bzw. der Gaststätte entsprechen. Die Schrift muß gut lesbar sein, und die Buchstabenfarbe muß sich vom Untergrund abheben.

37. Gebot:
Papierart und Papierfarbe richtig auswählen!

Die Papierqualität muß dem Niveau des Hotels bzw. des Restaurants angepaßt werden. Die Papierfarbe muß ansprechend sein und im sinnvollen Kontrast, jedoch farbharmonisch, zu den Buchstaben ausgesucht werden.

38. Gebot:
Die graphische Anordnung des Menüs bestimmen!

Möglichkeiten:

Linksbündig im Flattersatz	Rechtsbündig im Flattersatz	Mittig (axial)

<table>
<tr><td>

Getrüffelte
Hasenpastete
Cumberlandsoße

Kraftbrühe
mit Eierstich

Schleie blau
mit zerlassener
Butter
Dampfkartoffeln

Glasierte Kalbsnuß
mit Sahnesoße
Kohlrabigemüse
Bandnudeln

Weintrauben

</td><td>

Eiersalat mit
Röstbrot und Butter

Klare Tomatensuppe

Seezungenstreifen
Murat

Geschmorte
Hasenkeule mit
frischen Pfifferlingen
Butterspätzle

Vanilleeis
mit Pfirsichen

</td><td>

Klare Ochsen-
schwanzsuppe
mit Madeira

Heilbuttschnitte
auf Florentiner Art

Lammkeule
mit Knoblauchbutter
Weiße Rübchen
Maisplätzchen

Frische Erdbeeren
mit Sahne

</td></tr>
</table>

39. Gebot:
Auf Originalität nicht verzichten!

Wenn angebracht — je nach Anlaß — können Menüs auf Kacheln, Taschen-tüchern, Fächern, Muscheln oder Tellern gedruckt werden.

Auch die äußere Form kann auf eine besondere Veranstaltung hindeuten:

Kohl und Pinkel

Guten Appetit
zur
fünften
Jahreszeit!

Entwurf einer Menükarte
für ein
Oldenburger Kohlessen

Entwurf einer Menükarte
für den
Frühlingsball eines
Tennisclubs

Entwurf einer Menükarte
für ein
Silvester-Essen

Entwurf einer Menükarte
für das Jubiläum
eines
Zoologischen Gartens

Entwurf einer Menükarte
für ein Essen aus
Schalen- und Krustentieren

40. Gebot:
Den Anlaß, für den ein Menü zusammengestellt wird, berücksichtigen!

Die meisten Menüs stehen unter einem bestimmten „Motto". Dieser Themenstellung und der Zusammensetzung eines oft ausgewählten Gästekreises muß die Menü-Erarbeitung Rechnung tragen.

Die folgenden Menü-Beispiele geben dazu die notwendigen Informationen.

Menüs
zu verschiedenen
Anlässen

Oster-Menüs

Menüs zu dieser Jahreszeit sind gekennzeichnet von der „Wiedergeburt der Natur". Klassische Garnituren, wie „rénaissance"*, „aux primeurs"* und „à la printanière"* erfordern den Einsatz von frischem Gemüse.
Alles, was das Frühjahr zu bieten hat, wird ein Oster-Menü auszeichnen.
Die Küchenkonditorei kann durch phantasievolle Verwendung von Saison-Früchten und Süßspeisen zusätzliche jahreszeitliche Impulse setzen.

---

*) rénaissance = Wiedergeburt (frisches Gemüse) — aux primeurs = Erstlinge (Erstlingsgemüse) — à la printanière = nach Frühlingsart

Beispiele für Oster-Menüs

<table>
<tr><td>

Taubenkraftbrühe
mit Spargelspitzen
*

Verlorene Eier im Nest
*

Gebratener Lammrücken
Frische Morcheln in Rahmsoße
Junge Bohnen
Schmelzkartoffeln
*

Oster-Charlotte
nach Frühlingsart

</td><td>

Kraftbrühe
mit farbigem Eierstich
*

Gedünstetes Schollenfilet
auf Artischockenragout
Neue Kartoffeln
*

Osterschinken
in Burgundersoße
Blattspinat
Maisplätzchen
*

Frische Erdbeeren
mit Schlagsahne

</td></tr>
<tr><td>

Eier-Radieschen-Salat
Toast
*

Kalbskraftbrühe mit Champignons
*

Krabbenragout in Currysoße
im Reisrand
*

Gebratenes gefülltes Küken
mit jungen Erbsen und Karotten
Gebackene Kartoffeln
*

Rhabarber-Strudel

</td><td>

Hühnerkraftbrühe
mit Kresse
*

Nordlandlachs
mit Sauerampfersoße
Blätterteiggebäck
Spargelsalat
*

Lammnüßchen vom Rost
Estragonbutter
Grillierte Tomate
Ausgestochene Butterkartoffeln
*

Käseeier im Nest

</td></tr>
</table>

Beispiele für Oster-Menüs

Kraftbrühe
mit Spargel

*

Seezungenröllchen
auf gedämpften Gurken
mit einer Käsesoße überbacken

*

Lammkoteletts am Spieß
auf Kräuterreis
Tomatensalat

*

Meringen-Osterhase
mit Aprikosen

Matjes-Cocktail
Zwiebelbrot

*

Kraftbrühe
mit Grießeiern

*

Gekochte Hammelkeule
mit Wacholderrahmsoße
Dampfkartoffeln
Bohnensalat

*

Melonen-Ingwer-Halbgefrorenes

Weihnachts-Menüs

Die ruhige, stille Jahreszeit ist angebracht, sich in Muße an den winterlichen Speisen zu laben.

Die in den Restaurants angebotenen Menüs an den Weihnachtsfeiertagen umfassen in der Regel drei Gänge, vorbestellte festliche Menüs für Gesellschaften auch fünf und sechs Gänge. Raum- und Tischdekorationen mit einer Fülle von weihnachtlichen Motiven tragen zusätzlich zu festlicher Stimmung bei.

Beispiele für Weihnachts-Menüs

Getrüffelte Hasenpastete
Apfelsalat mit Feigen

*

Kraftbrühe Dubarry

*

Spiegelkarpfen blau
Meerrettichbutter
Dampfkartoffeln
Gurkensalat

*

Gebratene Truthahnbrust
auf Tomatenragout
Gedünstete Maiskolben

*

Englischer Weihnachtspudding
mit Rumsoße

Rehmedaillons
auf Selleriesalat
Röstbrot

*

Karpfenkraftbrühe
mit Hechtklößchen

*

Gebratene Ente
mit Orangensoße
Rosenkohl
Gebackene Grießschnitten

*

Maronen „Christkind"

Beispiele für Weihnachts-Menüs

Pampelmusen-Cocktail
mit Nüssen
*

Klare Ochsenschwanzsuppe
Chesterstange
*

Gesottene Steinbuttschnitte
mit Krebssoße
Trüffeleis
*

Masthuhn Chipolata
— mit kleinen Netzwürstchen,
ausgestochenen Kartoffeln,
glasierten Maronen und Zwiebeln —
*

Vanille-Eisauflauf
„Frohe Weihnacht"

Gefüllter Schweinsfuß
Cumberlandsoße
*

Hühnerkraftbrühe
mit Reisperlen
*

Pfahlmuscheln
auf Gemüsebett
*

Gebratener Hirschrücken
mit Sauerrahmsoße
Apfelrotkraut
Spätzle
*

Eisbecher „Drei Könige"

Geräuchertes Störfleisch
Geraspelter Meerrettich
Röstbrot
*

Kraftbrühe
mit Lauchstreifen
*

Knusprig gebratene Weihnachtsgans
Gefüllter Bratapfel mit Rosinen
Rotweinkraut
Geröstete Olivenkartoffeln
*

Mandarinensalat
*

Weihnachtsbäckerei

Krabbensalat
mit Champignons
Röstbrot
*

Geflügelkraftbrühe
mit Lebernocken
*

Schwarzwurzeln
nach polnischer Art
*

Wildschweinsrücken
Pfeffer-Bratensoße
Grünkohl
Lorette-Kartoffeln
*

Ananas-Halbgefrorenes
mit Tannenbaum-Hippen

Anmerkung:

Die Menüs können durch Weglassen entsprechender Gänge „verkleinert" werden!

Silvester-Menüs

Silvester-Menüs (nach dem Fest des Papstes Silvester I.) dürfen den üblichen Rahmen der Menügestaltung sprengen, indem insbesondere Luxusnahrungsmittel und sehr anspruchsvolle Garnituren in größerem Rahmen verwendet werden. Es wird Luxuriöses, nicht Alltägliches geboten.

Phantasienamen treiben gerade in Silvester-Menüs ihr Unwesen. Da mit einem Silvesterprogramm auch gleichzeitig die Festmenüs an den Gast versandt werden, wird es der Gast begrüßen, wenn er erkennen kann, welche Gerichte aufgetragen werden.

Unverständlichkeiten geben dem Gast Rätsel auf und dienen wenig als Entscheidungshilfe, ob er an einer Silvesterfeier im Hotel oder Restaurant teilnehmen soll oder nicht.

Beispiele für Silvester-Menüs

Wacholdergeräucherter Nordlandlachs	*Rehmedaillons auf Ananas*
mit Preiselbeer-Meerrettich	*mit Orangenfilets*
Toast	*Röstbrot und Butter*
*	*
Kraftbrühe „Konfetti"	*Kraftbrühe mit verlorenem Ei*
(mit buntfarbigem Eierstich)	*
*	*Schleifchen von Seezungen*
Gebratene Masthuhnbrust	*in einer Krebssoße*
Kaiserschoten	*Pistazienreis*
Artischockenböden	*
Palmenmark	*Gebratenes Perlhuhn*
Spargelspitzen	*mit Kräutersteinpilzen*
Nußkartoffeln	*Maronentörtchen*
*	*Prinzeßbohnen*
Beleuchtete Eisbombe	*Kronprinzen-Kartoffeln*
„Prosit Neujahr"	*
*	*Geeiste Biskuitroulade*
Berliner* Pfannkuchen	

*) ein derartiger Druckfehler wirkt wie eine Laufmasche an einem schönen Mädchenbein.

Beispiele für Silvester-Menüs

Geräucherte Gänsebrust
auf Waldorfsalat
Röstbrot

*

Weiße Kalbskopfsuppe
mit Currysahne

*

Seezungenschnitten
in Mandelhülle
Tomatenreis

*

Rinderlendenbraten
Trüffelsoße
Junge grüne Bohnen
Gedünsteter Mais
Waffelkartoffeln
Fenchelsalat

*

Eistorte „Jahreswende"

*

Glücksbringer aus Marzipan

Getrüffelte Gänseleber
in der Kruste

*

Hummersuppe mit Lachsklößchen

*

Verlorene Eier
mit Beluga-malossol-Kaviar

*

Champagner-Sorbet

*

Gebratener Kalbsrücken
Rindermarksoße
Spinatauflauf
Selleriekrusteln
Schloßkartoffeln

*

Nuß-Parfait
mit Sauerkirschen

Masthuhn-Galantine
mit Kräutersahne
Röstbrot

*

Hasenpunsch
mit Blattgold

*

Gebackene Austern
auf Weinkraut

*

Schweinemedaillons
im Karotten-Sellerie-Bett
Kartoffelschnee

*

Mandarinen-Sorbet

Aalgalantine
mit Oliven-Soße
Röstbrot

*

Schwalbennestersuppe
mit Ingwerstäbchen

*

Kalbszüngerl
auf gedünsteten Fenchelstreifen

*

Rosa gebratener Hirschrücken
Glasierte Trauben
Pfifferlinge
Rosenkohl
Maronentörtchen
Herzogin-Kartoffeln

*

Eingelegte grüne Walnüsse

Beispiele für Silvester-Menüs

Kalbfleischpastete
mit Senffrüchten

*

Rebhuhn-Essenz

*

Lachsmedaillon
in Forellenschaumsoße

*

Rinderlendensteak
Bearner Soße
Gebackene Kartoffelscheiben
Tomaten-, Sellerie- und
Blattsalate

*

Ananas-Halbgefrorenes

Scampischwänze
mit Currymayonnaise
auf Kopfsalatherzen
Röstbrot

*

Kraftbrühe
mit Tapioka
und gewürfeltem Kalbskopf

*

Gedämpftes Kaninchenfilet
auf Karottengemüse

*

Lammkoteletts
mit Zwiebelreismus
und Käsesoße überbacken
Auberginen
Hopfensprossen
Kräuterkartoffeln

*

Punschtorte
mit glasierten Orangen

Salat von Langusten
in Artischockenböden
Toast

*

Schneckensüppchen

*

Entenbrustscheiben
mit Pomeranzen-Soße
und Mandelstiften

*

Hasenrücken
mit Pilzsoße
Aufläufe von Wirsingkohl
und Blumenkohl
Berny-Kartoffeln

*

Bratapfel
mit Vanillesoße

Beluga-malossol-Kaviar
mit Blinis und Sauerrahm

*

Klare Ochsenschwanzsuppe,
Käsestange

*

Gedünstetes Kalbsbries
auf Mus von grünen Erbsen

*

Sorbet von Gewürztraminer

*

Gebratener Masthahn
Kürbisragout
Rübchen
Gebackene Kartoffeln

*

Rumfrüchte
auf Zitroneneis

Beispiele für Silvester-Menüs

<table>
<tr><td valign="top">

„Lucca-Augen"
*
— Tatar auf Toastscheibe
mit Auster und Kaviarkranz —
*
Fasanen-Essenz
mit Amontillado
*
Frikassee
vom bretonischen Hummer
Trüffelreis
*
Überbackenes Kalbsteak
Holländische Soße
Spargelspitzen
Feine Erbsen
Pariser Kartoffeln
*
Kirsch-Pralinen

</td><td valign="top">

Hummer-Cocktail
mit Keta-Kaviar
Röstbrot
*
Süppchen von grünen Erbsen
*
Gefüllte Hühnerbrust
auf glasiertem Sellerie
*
Rinderhochrippe,
Colbert-Soße
Gebackene Spiralkartoffeln
Winterliche Salate
*
Exotische Früchte

</td></tr>
</table>

Menüs für Herren-Essen

Herren-Essen haben ihren Ursprung an den Königs- und Fürstenhöfen. Zu dieser Zeit gab es anläßlich größerer Zusammenkünfte mit Festessen besondere Tische für die Junker, die Offiziere und die Ritterschaft. Die Zusammenstellung der Menüs für diese Essensteilnehmer unterschieden sich durch ihre Derbheit und Herzhaftigkeit wesentlich vom Menü der Haupttafel, an der auch die „Frauenzimmer" saßen.

Die Auswahl der Rohstoffe hat sich kaum geändert, jedoch die Anzahl der Gänge.

Empfehlenswert ist es, durch eine sinnvolle Portionierung den Sättigungswert angemessen zu gestalten.

Rustikales Anrichtegeschirr kann das Motto „Herren-Essen" harmonisch ergänzen.

Beispiele für Herren-Menüs

<table>
<tr><td valign="top">

Ochsenmaulsalat
Brot und Butter
*
Curryrahmsuppe
*
Hammelragout
mit geformtem Gemüse
und Kartoffeln
*
Rumfrüchte

</td><td valign="top">

Kraftbrühe
mit Markklößchen
*
Aal in Dillsoße
mit trockenem Reis
*
Gebratene Lammkeule
Gedämpfter Bleichsellerie
Bäckerkartoffeln
*
Williams-Christ-Birne

</td></tr>
</table>

Beispiele für Herren-Menüs

Matjesröllchen *in Kräutersoße* *Zwiebelbrot* * *Grünkernsuppe* * *Westfälischer Pfefferpothast* *Dampfkartoffeln* *Gewürzgurke* * *Ananas-Parfait*	*Geräuchertes Makrelenfilet* *Kräuterbrot und Butter* * *Doppelte Kraftbrühe* *mit Morchelessenz* * *Hammelkoteletts vom Grill* *mit Estragon* *Geröstete Tomate und Maiskolben* *Grüne Bohnen* *Streichholzkartoffeln* * *Kaiserschmarrn*
Lothringer Törtchen * *Hummersuppe* * *Frische Ochsenzunge* *mit Madeirasoße* *Rosenkohl* *Kartoffelplätzchen* * *Zitronenkrem*	*Geräucherte Gänsebrust* *auf Apfelsalat* *Toast* * *Kraftbrühe* *mit Tomaten und Fadennudeln* * *Geschmorter Tafelspitz* *Wirsingkohl* *Kartoffelklößchen* * *Roquefortkrem* *auf Pumpernickel*

Menüs für Jagdessen

Mit dem Begriff „Jagdessen" werden drei verschiedene Typen bezeichnet:

Jagdessen im Revier

Geboten werden: Neben „harten" Getränken, Speck, Wurst, Schinken, Bauernbrot, auch derbe Suppen, die in Thermobehältern angeliefert werden.

Jagdessen direkt nach der Jagd

Geboten werden: Derbe Gerichte, die einem Herrenessen gleichen und häufig im Nebenzimmer einer Gastwirtschaft serviert werden.

Jagdessen im Stil eines Festessens

Geboten werden: Wildgerichte jeder Art (übrigens auch mehrere in einem Menü).
Gastgeber sind Jagdherr oder ein Jagd-Verein. Vom örtlichen Brauchtum geprägt, werden zu den Wildgerichten Pilze, Kräuter, Beeren, Früchte, Nüsse und Kohlarten serviert.

Raum, Raumdekoration, Tischschmuck müssen diesen Zwecken angepaßt werden (Tannengrün, Tannenzapfen, Baumrinden, Moos, u.ä. ersetzen die sonst übliche Tischdekoration). Nicht selten wird als Blickfang eine Porzellanfigur mit einem Jagdmotiv auf die Tafel gestellt) und Geschirr (Bestecke mit Horngriffen und Gläser mit eingeschliffenen Jagdmotiven) ergänzen das Motto „Jagdessen" sinnvoll.

Karierte oder unifarbene Tischwäsche wird verwendet. Bei festlichen Jagdessen, die zu Beginn oder am Ende einer Jagdsaison veranstaltet werden, begrüßen Jagdhornbläser die Gäste, die von Restaurantfachkräften in entsprechenden „Kostümen" bedient werden.

Man beachte:

Abwechslung zwischen Gerichten aus Haarwild und Wildgeflügel. Gerichte aus Süßwasserfischen werden denen aus Salzwasserfischen vorgezogen.

Beispiele für Jagdmenüs

Wildentenpastete
mit Preiselbeergelee

*

Morchelrahmsupppe

*

Bachforelle blau
Zerlassene Butter
Dampfkartoffeln

*

Mufflonrücken
Apfelrotkraut
Glasierte Kastanien

*

Weinkrem

Galantine vom Wildschweinskopf
Senffrüchte

*

Kraftbrühe mit Grießklößchen

*

Gedünstete Zanderfilet
mit Austernpilzen
und Kräutersoße

*

Gebratenes Fasanenbrüstchen
mit Speck auf Weinlaub
Champagnerkraut
Kartoffelschnee

*

Vanilleeis
mit Waldhimbeeren

Hausgemachte Hasenpastete
Quittengelee

*

Rebhuhnessenz mit Sherry

*

Gedünstetes Karpfenfilet
auf Wurzelgemüse

*

Gespickter Hirschrücken
Warme Cumberlandsoße
Mandelkrusteln
Salat von Pfifferlingen
und Steinpilzen

*

Mohnkuchen

Geräuchertes Forellenfilet
Meerrettich
Röstbrot

*

Kastaniensuppe

*

Pilz-Allerlei
auf gedämpften Wirsingblatt

*

Hasenrücken
mit Wacholdersoße
Bratapfel
Kartoffelklöße
Preiselbeeren

*

Camembert mit Pumpernickel

Beispiele für Jagd-Menüs

Wachteleier im Kressenest *Röstbrot und Butter* * *Fasanenkraftbrühe* *mit Selleriestreifen* * *Hechtklößchen in Krebssoße* *Kräuterreis* * *Rehmedaillons* *mit Mandeln und Nüssen* *Gebackene Schwarzwurzeln* *Maisplätzchen* * *Brombeertörtchen*	*Hausgeräucherter Rehschinken* *Gefüllter Apfel mit Waldorfsalat* * *Steinpilzsuppe* * *Gedämpfte Lachsschnitte* *mit Brotkrusteln* *auf Streifen* *von roten Paprikaschoten* * *Salmi von Wildente* *Grüne Nudeln* *Kürbissalat* * *Quarkspeise* *mit Zwiebeln und Kümmel*

Fasten-Menüs

Das Wort „fasten", geht zurück auf die germanische Sprache. (Dänisch „faste", angelsächsisch „faesten" = fest an etwas halten.)

„Fasten" bedeutet ursprünglich, sich fest an eine Vorschrift halten, das Festhalten an Speiseverboten, die meist einen gottesdienstlichen Hintergrund hatten.

Das Fasten als religiöser Brauch war zum Zeichen der Trauer, zur Förderung der Andacht, zur Vorbereitung auf wichtige Entschlüsse und Taten und zur Übung der Enthaltsamkeit bei vielen Völkern des Altertums üblich.

Die Juden waren durch das Gesetz (Talmud) am Versöhnungstag und an den Erinnerungstagen nationaler Unglücksfälle zum Fasten verpflichtet. In der frühen christlichen Kirche pflegte man während der 40stündigen Zeit der Grabesruhe Jesu und jeden Mittwoch, als dem Tag des Verrats, und am Freitag, als dem Tag des Todes Jesu, zu fasten.

Das 40stündige Fasten vor Ostern verlängerte sich bald in ein 40tägiges (Quadragesimalfasten).

In der griechischen Kirche begann das Fasten am Montag nach Sexagesimae (8. Sonntag vor Ostern), in der römischen Kirche am Aschermittwoch. Streng Gläubige hielten und halten vier Fastenzeiten innerhalb des Jahres ein:

— Weihnachtsfasten vom 15. November bis 24. Dezember
— Quadragesimalfasten vor Ostern (siehe oben)
— Apostelfasten vor dem Peter-Paul-Fest vom Montag nach Trinitatis (Sonntag nach Pfingsten) bis zum 29. Juni
— Muttergottesfasten vor Mariä Himmelfahrt, vom 1. bis 14. August

Bei den Mohammedanern gebietet es der Koran, im Monat Ramadan zu fasten.

Vom Mittelalter bis in die Neuzeit bestand die Kirche mehr oder weniger auf Beachtung des Fastengebotes, und in vielen Landesteilen Deutschlands wird auch heute noch insbesondere die Hauptfastenzeit vor Ostern eingehalten. Der Brauch, freitags Fisch zu essen, ist — wenn auch oft unbewußt — bekannt.

Durch den immer bedeutender werdenden internationalen Fremdenverkehr wird der Hotelier und Gastronom den besonderen glaubensbedingten Bedürfnissen der Gäste Rechnung tragen müssen.

Mit Ausnahme von Wildente und Fischotter dürfen in der Fastenzeit keine Gerichte von warmblütigen getöteten Tieren angeboten werden. (Als tierisches Produkt wird übrigens auch Gelatine abgelehnt und dafür das pflanzliche Produkt „Agar-Agar" empfohlen.) Erlaubt sind alle Fischarten (es können in einem Menü auch mehrere Gerichte aus Fisch in Erscheinung treten), Gemüse, Salate, Obst, Milch, Butter, Käse und Eier.

Anekdote: *Der französische Dichter Des Barreaux (gest. 1673) soll in der Fastenzeit einen Eierkuchen* **mit Speck** *gegessen haben, als ein schweres Gewitter aufzog und es heftig donnerte. Daraufhin soll er den Eierkuchen mit den Worten „Tant de bruit pour une omelette" („soviel Radau um einen Eierkuchen!") aus dem Fenster geworfen haben.*

Beispiele für Fasten-Menüs

Fischsuppe *mit Karpfenmilch* * *Omelett mit Morcheln* * *Hecht grün* *im Reisrand* *Kopfsalatherzen* *mit Kräutern* * *Bananenkrem*	*Fruchtkaltschale mit Makronen* * *Kleiner Pfannkuchen* *mit Spargelspitzen* * *Gebratenes Dorschfilet* *Braune Butter* *Zwiebelkartoffeln* *Kressesalat* * *Erdbeer-Halbgefrorenes*
Steinpilzsuppe * *Blätterteigpastetchen* *mit Austernragout* * *Donau-Waller* *im Wurzelsud* *Knoblauchsoße* *Grießschnitten* * *Birnensalat*	*Sewruga-malossol-Kaviar* *Röstbrot und Butter* * *Rührei mit Schnittlauch* *und Spargel* * *Seezungenschnitten* *in Weißweinsoße* *mit Muscheln und Garnelenschwänzen* *Blätterteighalbmonde* * *Pfirsich mit Himbeermark*

Spargelsuppe nach russischer Art
(mit roten Rüben und Sauerrahm)
*
Gebackene Eier
auf Stockfisch mit Sardellenbutter
*
Gedünstetes Zanderfilet
mit Aromaten
Champignons, Oliven, Karpfenmilch
Petersilienkartoffeln
*
Eingelegte Quitten

Mit Meerrettich
gefüllte Lachstüte
Toast
*
Schwarzbrotsuppe
*
Schollenfilets in Eihülle
Braune Butter
Tomatenreis
Selleriesalat
*
Apfelkompott

Pilzsülze
mit Essig-Öl-Kräutersoße
Sesambrot
*
Passierte Erbsensuppe
*
Gesottener Steinbutt
mit Austernsoße
auf Auberginenschnitten
*
Käsegebäck

Möveneier
auf Krevettensalat
Röstbrot
*
Spaghetti
mit Champignons, Ei und Käse
*
Pörkelt vom Zander
Mandelreis, Paprikasalat
*
Eingelegte Reineclauden

Matjes-Cocktail
Schwarzbrot
*
Maultaschen
mit Spinatfüllsel und Tomatensoße
*
Gebackene Hechtschnitte
Kartoffelsalat mit Kräutern
*
Haselnußauflauf

Blinis mit Störfleisch
*
Gebackene Froschschenkel
mit Knoblauchbutter
*
Gedünstetes Kabeljaufilet
mit Meerrettichsoße
Brühkartoffeln
*
Mokkakrem

Selleriesuppe
*
Schnecken in Rotweinsoße
mit Nußreis
*
Heilbuttsteak vom Grill
mit Hummerbutter
Grüne Bohnen
Salzkartoffeln
*
Fastenbrezel*)

Gefüllte Eier
mit Lachmus
*
Passierte Linsensuppe
*
Blaufelchen
mit Senfbutter
Weißbrotwürfel
*
Apfelstrudel

*) Brezel (früher auch Bretzel, Brätzel, Bratzel) aus Mehl, Wasser, Salz bestehend, in Lauge, dann gebacken (Laugenbretzel), früher nur in der Fastenzeit hergestellt — aus Klöstern stammend.

66

<table>
<tr><td>

Aalpastete
mit grüner Soße
*
Bierkaltschale
mit Weißbrot-Klößchen
*
Makrele nach Müllerinart
Schwenkkartoffeln
Lattich-Salat
*
Vanille-Halbgefrorenes

</td><td>

Austernsuppe
*
Omelett mit Artischocken
*
Karpfen in Rotweinsoße
mit Trüffelklößchen
und Krebsen
Geröstete Weißbrotherzen
*
Ananas-Eis

</td></tr>
</table>

Anmerkung:

Die Menüs können durch Weglassen von Gängen auch „verkleinert" werden!

Vegetarische Menüs

Vegetarier (Vegetarianer) sind Menschen, die ihre Nahrung ausschließlich oder vorwiegend aus dem Pflanzenreich beziehen, als Getränk nur Wasser nehmen.

Man unterscheidet zwischen *strengen* Vegetariern, die *nur* Vegetabilien zu sich nehmen, und *gemäßigten* Vegetariern, die *auch* Produkte der Tiere, wie Milch, Butter, Käse, Eier und Honig verzehren.

Die Gründe für die Wahl der Vegetarierkost liegen in der religiösen Anschauung (Ausdeutung der Bibel), teils auf ethischem Gebiet (die Tötung der Tiere soll vermieden werden), teils aber auch auf medizinischem Gebiet, weil die vegetabile Kost als gesundheitsfördernd angesehen wird, eine Ansicht — insbesondere durch Vegetarier-Verbände vertreten — die durch widersprüchliche Meinungen von Medizinern und Ernährungsphysiologen bisher mit absoluter Sicherheit nicht allgemeingültig geklärt werden konnte. (Wert und Bestimmung pflanzlichen und tierischen Eiweißes.)

Die vegetarische Richtung hat jedenfalls immer ein Gutes: Sie dämmt die übermäßige Fleischkost, die namentlich Wohlhabende genießen, ein und tritt auch dem Alkoholgenuß entgegen.

Der Hotelier und Gastronom toleriert die Lebens- und Konsumgewohnheiten und damit die Bedürfnisse vieler Gästegruppen. Es liegt in seinem eigenen Interesse, auch den Wünschen der Vegetarier zu entsprechen, deren Anteil — weltweit gesehen — nachweislich wächst.

Auch wirtschaftlich gesehen ist das „vegetarische Angebot" interessant, zumal sich dem Gastronomen ein reichhaltiges Feld für die Auswahl von Rohstoffen bietet, die mit der notwendigen Sorgfalt und Phantasie sinnvoll eingesetzt werden können.

Man beachte:

Vegetarische Menüs sind keine „Gemüseberge", die dem Gast offeriert werden, sondern ebenfalls nach den Regeln der klassischen Speisefolge zusammengesetzte Menüs.

Wenn beispielsweise Teilnehmer an einem Festessen Vegetarier sind, so erwarten sie ein ausgewogenes ausschließlich aus Vegetabilien oder möglicherweise auch aus Tierprodukten bestehendes Menü, das u.a. Vorspeise, Suppe, Zwischengericht, Hauptgang und Nachspeise umfaßt.

Beispiele für vegetarische Menüs

Karotten-Birnen-Salat *in Kräutersahne* * *Reissuppe mit Curry* * *Mit Grünkohl* *gefüllte Zwiebeln* *Semmelknödel* * *Orangenauflauf*	*Lauchsuppe* * *Spaghetti* *mit Tomaten, Ei und Käse* * *Mit Zwiebelreismus* *gefüllte Kohlköpfchen* *Braune Butter* *Petersilienkartoffeln* * *Kastanientörtchen*
Apfel-Sellerie-Salat *mit Joghurt und Haselnüssen* * *Blätterteigpastete* *mit Pfifferlingragout* * *Gebackene Schwarzwurzeln* *Tomatensoße* *Schwenkkartoffeln* * *Weintrauben*	*Passierte Erbssuppe* *mit gerösteten Brotwürfeln* * *Rührei mit Champignons* * *Kürbisragout* *Gebackene Maisklöße* *Tomatensalat* * *Kräuterquark*

Beispiele für vegetarische Menüs

<table>
<tr>
<td valign="top" align="center">

Eiersalat
mit Radieschen
Toast
*
Artischockensuppe
*
Spinatauflauf
Safransoße
Blätterteigschnitte
*
Grießklöße mit Backobst

</td>
<td valign="top" align="center">

Blumenkohlsalat
mit Kräutern
*
Grünkernsuppe
*
Pilzkotelett
mit Erbsen und Karotten
Salzkartoffeln
*
Reis Trauttmansdorff

</td>
</tr>
<tr>
<td valign="top" align="center">

Melonen-Cocktail
*
Sauerampfersuppe
*
Omelett
mit Spargelspitzen
*
Gefüllte grüne Paprikaschoten
mit Steinpilzmus
Mandelreis
*
Johannisbeerquark

</td>
<td valign="top" align="center">

Salat von Champignons
Toast
*
Gurkensuppe mit Dill
*
Mit Auberginenragout
gefüllter Pfannkuchen
*
Gratinierter Blumenkohl
Butterkartoffeln
*
Rote Grütze
Vanillesoße

</td>
</tr>
</table>

Kinder-Menüs

Weder die „halbe Portion" (womöglich vom Essen der Eltern „abgezweigt"), noch „Breikost" sind sinnvolle Speisen für Kinder.

„Kinderteller" und „Kindermenüs" müssen so zusammengestellt werden, daß sie . . .

. . . vollwertige Kost bieten (ausreichend Nährstoffe)

. . . keine Schwierigkeiten beim Verzehr bereiten (keine Knochen, Gräten)

. . . nicht mit alkoholhaltigen Flüssigkeiten zubereitet werden

. . . nicht zerkocht und unansehnlich sind

. . . nicht zu stark gewürzt werden

entsprechend garniert und appetitlich angerichtet werden

. . . nicht durch langes Warmhalten Duft, Geschmack, Aussehen und Vitamingehalt verloren haben.

Bis zu etwa zehn Jahren kann Kindern unter dem Motto „wir haben auch an unsere kleinen Gäste gedacht" kindgerechte Speise angeboten werden. Ältere Kinder werden aus Gründen des „Standesbewußtseins" nicht mehr gern als „Kind" behandelt; für sie könnte der „Kinderteller eine Bloßstellung" bedeuten.

Phantasiebezeichnungen, die häufig aus der Märchen- und Tierwelt stammen, um Kinderspeisen auszustatten, müssen sehr sorgfältig und überlegt verwendet werden, weil sie oft kindliche Assoziationen freisetzen (Gehacktes Rindersteak „Bambi"????).

Obwohl erfahrungsgemäß Kinder zum Beispiel „Paniertes Schnitzel mit Pommes frites und Tomaten-Ketchup" gern essen, sollten in Hotels und Gaststätten aus Gründen der „Erziehung zum kultivierten Essen" sinnvollere Speisen angeboten werden.

Die Deutsche Gesellschaft für Ernährung formuliert „Eine der wichtigsten Voraussetzungen für ein regelrechtes Gedeihen und damit altersmäßige Entwicklung des Kindes ist eine vollwertige Kost, d.h., eine Nahrung, die dem Körper alle Stoffe zuführt, die er jeweils benötigt".

Der kindliche Organismus braucht zum Aufbau in erster Linie ausreichende Mengen Eiweiß, die bekanntlich in hochwertiger Form in Milch, Käse, Quark, Eiern, Fleisch und Fisch enthalten sind. Aber auch frisches Gemüse, Kartoffeln und Brot sind zu berücksichtigen.

Einige Tips am Rande:

— *Sind Kinder im Gaststättenbetrieb gern gesehen?*
(Hinweis in der Werbung!)

— *Sind die Preise für die Kindergerichte angemessen?*
(Überprüfung der Kalkulation!)

— *Werden Kinderspeisen richtig angeboten?*
(Gestaltung einer Kinderspeisekarte oder einer besonderen Rubrik auf der Tageskarte!)

— *Werden Kinder vom Bedienungspersonal akzeptiert?*
(Schulung der Mitarbeiter im Verkauf!)

— *Wird kindgerechtes Besteck aufgedeckt?*
(Unterhaltung von Kinderbesteck!)

— *Wird die besondere Anrichteweise berücksichtigt?*
(Benutzung standfester Geschirre!)

— *Werden Sets benutzt?*
(Überbrückung der Wartezeit durch die Verwendung „lustiger" Papierdeckchen, die bemalt werden können!)

— *Werden Sitzkissen bereitgehalten?*
(Ausgleich der Körpermaße und Tischhöhe!)

Beispiele für Kinder-Menüs

Orangensaft
*
Gefüllte Kalbsroulade
mit Erbsen und Karotten
Kartoffelbrei
*
Kräuterquark

Klare Kräutersuppe
*
Sahnegulasch
mit Blumenkohlröschen
Butterzöpfli
*
Früchte-Joghurt

Kalbsbrühe mit Reis
*
Kleine Bratwurst
mit grünen Bohnen
Salzkartoffeln
*
Ananas-Sahneeis

Gemüsesuppe
mit Sternnudeln
*
Kartoffelpuffer
mit Apfelmus
*
Gervais mit Schnittlauch

Tomatensuppe
*
Gekochte Eier
mit Spinat
Schwenkkartoffeln
*
Schokoladenkrem
mit Vanillesoße

Karottensuppe
mit Kräutern
*
„Wurstigel"
auf Kartoffelbrei
mit Spargelspitzen
*
Karamelkrem

Himbeermilch
*
Hühnerfrikassee
mit Champignons
Butterreis
*
Banane

Rinderbrühe mit Eierstich
*
Kalbsleber
auf Kartoffelbrei
Apfelmus
*
Erdbeereis

Geflügelbrühe mit Gemüseperlen
*
Gefüllter Eierkuchen
mit Kalbsfrikassee
Kopfsalatherzen
*
Fürst-Pückler-Eis

Apfel-Rohkost
*
Gedämpftes Kabeljaufilet
mit Kräutersoße
Tomatensalat
*
Pflaumen-Kompott

Beispiele für Kinder-Menüs

Milchkaltschale * *Hähnchenbrust* *mit Karottengemüse* *Petersilienkartoffeln* * *Birnen-Kompott*	*Spargelsuppe* * *Rahmschnitzel* *Butternudeln* *Grüner Salat* * *Obstsalat*

Anmerkung:

Die Hauptgänge können auch als „Kinderteller" angeboten werden!

Autofahrer-Menüs

Um die Fahrsicherheit bei autofahrenden Gästen zu erhöhen und die Unfallgefahr zu vermindern, müssen dem Gast (insbesondere in Raststätten) Gerichte angeboten werden, die Reaktionsgeschwindigkeit, Konzentrationsfähigkeit und Spann٫kraft gewährleisten. Der mit der Gestaltung von Autofahrer-Menüs Beauftragte sollte den folgenden Empfehlungen der Deutschen Gesellschaft für Ernährung folgen:

1. Treten Sie längere Fahrten stets ausgeruht und *nie mit leerem Magen* an.
2. Essen Sie *leicht verdauliche, vitaminreiche* Speisen. Essen Sie *nicht zu viel* und *nicht zu fett.* So erhalten Sie Ihre Spannkraft und können schnell und richtig reagieren. Achten Sie auf eine geregelte Verdauung.
3. Während der Fahrt läßt, oft ohne daß Sie es bemerken, Ihre Konzentrationskraft nach. Deshalb sollten Sie alle zwei Stunden zehn Minuten Pause machen. Bleiben Sie nicht im Wagen sitzen, sondern steigen Sie aus, vertreten Sie sich die Beine und *essen Sie eine Kleinigkeit* (etwas Obst, ein paar Kekse, Schokolade oder dergl.).
4. Essen Sie mittags und abends möglichst zur gewohnten Zeit, doch *nicht zu viel* und *nicht zu schwer,* vor allem *keine blähenden Speisen.*
5. Lassen Sie sich Zeit bei jeder Mahlzeit und fahren Sie nicht gleich nach dem Essen weiter. Machen Sie lieber einen kleinen Spaziergang.
6. Als *Getränke* sind *Fruchtsäfte, Mineralwässer* und *Milch* geeignet. Trinken Sie jedoch *nicht zuviel auf einmal,* sondern lieber *öfter kleine Mengen.* Auch Kaffee, Tee und andere *anregende Getränke* sind *in mäßigen Mengen* unbedenklich. *Meiden* Sie dagegen *Alkohol* in jeder Form.

7. Gefährlich ist es, Abgespanntsein durch Willensanstrengungen, durch Rauchen oder Medikamente überwinden zu wollen. Wenn Sie spüren, daß Sie müde werden, sollten Sie eine größere Pause einlegen.

8. Gefährlich ist es, Hungergefühl zu unterdrücken. Ihre Spannkraft läßt nach. Sie werden müde und nervös. Ihre Reaktionsgeschwindigkeit ist gemindert, die Unfallgefahr wächst bedenklich.

Darum sollten Sie beherzigen: **Sicher fährt, wer sich richtig ernährt!**

Anmerkung:

Das Frühstück des Autofahrers sollte vielfältig in der Zusammenstellung, vitamin- und eiweißreich sein. Vollkornbrot, Knäckebrot, Corn-flakes mit Milch und Früchten, Honig, magerer Schinken, Eier und fettarme Wurst sind zu empfehlen.

Anzubieten ist Reiseproviant in Form von Vollkornbrot, Hartwurst, Quark, frisches Obst, Joghurt, ungesüßte auf die Jahreszeit abgestimmte Getränke (z.B. ungesüßter mit Zitronensaft angereicherter Tee, kohlensäurearme Mineralwässer).

Die Gerichte am Mittag und Abend sollten durch farbliche Gestaltung und gefällige Anrichteweise appetitanregend wirken, aber wenig belastend sein.

Frisches Obst, Fruchtsäfte, Rohkost, frische Salate mit viel Kräutern, fettarme Fleischsorten, eiweißreiche Fische, naturell gegartes Gemüse stehen im Vordergrund des Angebots.

Sättigende Beilagen sind auf ein Mindestmaß zu reduzieren, ebenso zu viel Salz und zu viel Zucker.

Beispiele für Autofahrer-Menüs

Rohkostsalat *aus Äpfeln und Karotten* *mit Joghurt* * *Kalbszunge* *mit weißer Kräutersoße* *Spargel* *Reis* * *Trauben*	*Orangensaft* * *Omelett mit Champignons* * *Magerquark* *mit Schnittlauch*
Salat von Radieschen *Röstbrot* * *Gekochter Schellfisch* *Senfbutter* *Petersilienkartoffeln* *Gurkensalat* * *Stachelbeer-Kompott*	*Eier-Schinken-Salat* *Toast* * *Gedünstete Seezungenfilets* *auf Blattspinat* *Kartoffelschnee* * *Johannisbeeren*

Klare Zandersuppe

*

Rührei auf Toast
Spargelsalat

*

Erdbeer-Quark

Pampelmusensaft

*

Filetsteak vom Rost
Junge grüne Bohnen
Röstkartoffeln

*

Käse-Windbeutel

Rindfleisch-Essenz
mit Kräutern

*

Forelle blau
Frische Butter
Dampfkartoffeln
Kopfsalat mit Zitronensaft

*

Himbeermilch

Leicht gebundene Tomatensuppe

*

Rehschnitzel
mit Pfifferlingen
Spaghetti
Feldsalat

*

Apfelsalat

Kraftbrühe
mit Eierstich

*

Gekochtes Kabeljaufilet
mit Dillsoße
Blätterteigstückchen

*

Salat von frischen Früchten

Melonen-Cocktail

*

Kalbsleber-Geschnetzeltes
im Reisrand
Salat von Paprika

*

Bananeneis

Sellerie-Rohkost
mit Nüssen

*

Kalbshirnstrudel
mit Tomatensoße

*

Pfirsich-Kompott

Forellen-Salat
mit Champignons
Toast

*

Hasenfilets
auf Gemüseragout
Kartoffelschnee

*

Mirabellen-Kompott

Kraftbrühe
mit Spargelspitzen

*

Kalbslendchen
Risi-Pisi

*

Welsh rarebit

Fasanenkraftbrühe

*

Kalbsfrikassee
mit Erbsen und Spargel
Schinkenreis

*

Schokoladeneis

Hagebutten-Joghurt

*

Englisch gebratenes Roastbeef
Petersilienkartoffeln
Tomatensalat

*

Quarkklößchen

Rindfleischsalat
mit Oliven und Paprikastreifen
Kümmelbrot

*

Überbackenes Rotbarschfilet
auf Kräuterschaum
Schwenkkartoffeln

*

Apfel-Kompott

Geflügelsalat
mit Früchten

*

Gedämpftes Zanderfilet
auf Gemüsestreifen

*

Karamelkrem

Hühnerbrust
mit Safransoße
auf Blattsalaten

*

Gedämpfte Ochsenhüfte
mit geriebenem Meerrettich
Karotten
Salzkartoffeln

*

Ananas-Gelee

Rehfilets
auf Fenchelsalat

*

Stangenspargel
Zerlassene Butter
Rührei
Salzkartoffeln

*

Erdbeerkrem

Klare Ochsenschwanzsuppe

*

Gekochter Steinbutt
mit Kerbelsoße
Schwenkkartoffeln
Endiviensalat

*

Nougateis

Degustations-Menüs

Degustations-Menüs (déguster = kosten, probieren) werden in niveaureichen Hotel- und Gaststättenbetrieben im Rahmen der Public Relations und Verkaufsförderung angeboten und stellen in erster Linie eine Reverenz gegenüber den Stammgästen dar.

Zu den Essen — das Angebot läuft in der Regel einige Tage — werden Personen eingeladen, von denen man weiß oder vermuten darf, daß sie Außergewöhnliches lieben und sich von Zeit zu Zeit gern einmal mit kulinarischen Köstlichkeiten verwöhnen lassen möchten.

Für den Betrieb ergibt sich dabei die Gelegenheit, die Leistungsfähigkeit — insbesondere auch der qualifizierten Köche und Restaurantfachkräfte — unter Beweis zu stellen.

Empfehlenswert ist auch die Einladung ausgewählter Pressevertreter.

Da Degustations-Menüs häufig aus sechs bis acht Gängen bestehen, wird der Sättigungswert über die Portionierung und die Anrichteform (,,Tellergerichte") bestimmt.

Beispiele für Degustations-Menüs

<table>
<tr>
<td>

Mit Limonensaft marinierter Zander
Apfelmeerrettich

*

Suppe von frischem Kerbel

*

Grabener Spargel
Malta-Soße
Schinkenküchle

*

Lammragout nach Frühlingsart
— mit geformten Mohrrüben,
weißen Rüben, Zwiebelchen,
Kartoffeln, grünen Erbsen
und Bohnen —

*

Nocken von frischem Ziegenkäse

*

Erdbeergelee
mit Arrak

</td>
<td>

Hasenterrine
mit Chrysanthemensalat
Zwiebelkonfitüre

*

Kalbskopfsuppe
mit Cidre

*

Krebsröllchen mit Thymian
und Zitronenbutter

*

Entenleber
auf gedünstetem Gemüse

*

,,Tatar" von Ziegenquark
mit Gartenkräutern

*

Eis-Guglhupf
mit Schokoladensoße

</td>
</tr>
</table>

Schnepfenmus in Portweingelee
Reinettensalat
Melba-Toast

*

Kraftbrühe von Steinpilzen

*

Seezungenfilets
mit Austern und Muscheln
in der Folie
Pilaw

*

Kalbsrücken Fürst von Metternich
Gemüse aus dem Schloßgarten
Kartoffelauflauf

*

Ananas
mit Halbgefrorenem
von Erdbeeren
Pernodschaum

*

Pralinen

Arcachon-Muscheln
mit Estragonschaum

*

Essenz von Austernpilzen

*

Kalbsbriesschnitte
in Tomatensoße
Blätterteig

*

Fasan mit frischer Gänseleber
Gedämpfte belgische Endivien
Spinatauflauf
Schneekartoffeln

*

Eisbombe Nesselrode

*

Kapuziner Kaffee

Langusten-Medaillons
Artischockenboden
mit russischem Salat
Toast

*

Kraftbrühe mit Sauerampfer

*

Entenbruststreifen
mit altem Bordeaux
Pfifferlinge

*

Gefüllte Kalbsniere
auf Paprika-Spaghetti

*

Chesterschnitten

*

Graniteis mit Pfirsichen

Galantine von Räucheraal
Toast

*

Morchel-Essenz

*

Gebratene Entenbrust
mit rosa Pfeffer
auf Apfelscheiben

*

Angus-Rind
mit Kenia-Bohnen
Marksoße

*

Blauschimmelkäse

*

Himbeer-Eisauflauf

Pilzsülze
mit Sherry-Essig-Marinade

*

Schneckensuppe
mit Petersilienschaum

*

Lachspastete nach russischer Art
mit heißer Hummerbutter

*

Gebratenes Kalbsfilet
mit gefüllten Zucchini
Gänseleber-Soße

*

Orangen-Sorbet

*

Mokka mit Teegebäck

Spargelschaum
mit Trüffelfäden

*

Tomatierte Kraftbrühe
mit Gin

*

Limfjord-Austern
auf Champagnerkraut

*

Salmi von Bresser Tauben
Blattspinat
Weißbrot, in Butter geröstet

*

Gedünstete Kaninchenfilets
Knoblauchsoße
Mais-Maultaschen

*

Zitronenkrem
mit Hippenblättern

Gefülltes Gänseherz
auf Pfifferlingen

*

Rinder-Essenz
mit Käsestange

*

Kalbsbries in Senfschaum
Rapunzelsalat

*

Ragout von Krebsschwänzen
und Schwarzwurzeln

*

Wildschweinskotelett
mit Rosmarinsoße
Spinat-Ravioli

*

Backpflaumen
auf Vanille-Rahmeis

Feldsalat
mit Rehfilets
und Hasenschaumbrot

*

Taubenkraftbrühe
mit Perigord-Trüffeln

*

Wildlachs
mit Belon-Austern
in Dillsoße

*

Verlorenes Ei
auf Schneckenragout

*

Lammrücken mit Kräuterkruste
Weiße Rübchen
Kartoffelpuffer

*

Tannenhonig-Rahmeis
mit Walderdbeeren

Champagner-Menüs

Champagner-Menüs zeichnen sich dadurch aus, daß ein Festessen — vom Apéritif bis zum Dessert — von einem einzigen korrespondierenden Getränk — dem Champagner — begleitet wird.

Das setzt voraus, daß im Rahmen der Menükompositionen die Rohstoffauswahl, deren Zubereitung und Anrichteweise sorgfältig mit den zu servierenden Champagner-Sorten abgestimmt werden müssen.

Im allgemeinen handelt es sich um anspruchsvolle kulinarische Kreationen mit fünf und mehr Gängen, doch können auch einfacher zusammengestellte Menüs als Champagner-Menüs angeboten werden.

Es ist empfehlenswert, solche Gerichte in ein Champagner-Menü aufzunehmen, die auch mit Champagner oder Champagnerwein hergestellt werden.

Nicht selten werden in den Hotelbetrieben — um den Wert eines solchen Festessens zu steigern — Köche aus Frankreich — insbesondere aus der Champagne eingeladen, deren oft luxuriöse Kreationen eine wahre Bereicherung von Verkaufsförderungsaktionen darstellen.

Anmerkung:

Die französische Sprache steht bei den Menükompositionen im Mittelpunkt.

Champagner-Sorten

Brut (mit Jahrgang): Naturherber Champagner zu 100 % aus Trauben eines einzigen Jahrgangs. Dosage (EG-Gesetz): Weniger als 15 g Restzucker pro Liter. Da man nur in guten Jahrgängen Jahrgangs-Champagner herstellt, sind diese Weine besonders edel und kräftig.

Brut (ohne Jahrgang): Naturherber Champagner. Dosage wie oben.

Extry-Dry: Etwas milder als brut. Dosage: Zwischen 12 und 20 g Restzucker pro Liter.

Sec: Milder Champagner. Dosage: zwischen 17 und 35 g Restzucker pro Liter.

Demi-Sec: Halb-Süßer Champagner. Dosage: zwischen 33 und 50 g Restzucker pro Liter.

Rosé: Diese Sorte bleibt eine Ausnahmeerscheinung. Der Wein ist fruchtig. Jahrgangs-Rosé ist möglich, immer brut.

Crémant:	Bei der zweiten Gärung wird weniger Gärstoff zugegeben. Der Champagner schäumt weniger. Er bleibt — wie der Rosé — eine Ausnahmeerscheinung. Jahrgangs-Crémant ist möglich, immer brut.
Blanc de blancs:	Es werden nur die weißen Chardonnay-Trauben verwendet. Der Wein ist fein und elegant. (Insgesamt hat man in der Champagne das Verhältnis zwei Drittel blaue Trauben — ein Drittel weiße Trauben). Jahrgangs Blanc de blancs ist möglich, immer brut.
Côteaux Champenaise:	Stiller Wein aus der Champagne (rot, weiß, rosé)

Die Bezeichnung „Blanc de noirs" (nur blaue Trauben im Gegensatz zu „Blanc de blancs") und „Brut de brut" (ohne Dosage — nur bei besonders guten Jahrgängen) sind auf dem Flaschenetikett nicht angegeben.

Man trinkt im allgemeinen …

als Apéritif:	Brut ohne Jahrgang, Blanc de blancs oder Crémant
zu Vorspeisen, Krustentieren und Fisch:	Brut ohne Jahrgang, Blanc de blancs oder Crémant
zu Fleisch, Geflügel und Wild:	Brut mit Jahrgang oder Rosé
zu Käse:	Brut mit Jahrgang oder Rosé
zum Dessert:	Sec oder Demi-Sec

Beispiele für Champagner-Menüs

(Das erste Beispiel wurde bewußt nur in französischer Sprache abgefaßt und stellt zugleich eine Übersetzungsübung dar.)

Champagner-Menu

Le foie gras d'oie frais
*
Les grenouilles sautées aux fines herbes
*
Le soufflé de saumon, sauce homard
*
Le sorbet au marc de champagne
*
Le râble de lapereau aux aromates
Les fonds d'artichauts garnis
Les crêpes Parmentier
*
Le fromage blanc à la crème
*
Parfait de fleurs de sureau
aux fraises des bois
Les gourmandises du chef
*
Le Moka

Welche Champagner-Sorten würden zu diesem Menü passen?

Champagner-Menüs

Brust von Bresser-Taube
auf Salat von grünem Spargel

*

Schnecken in Safranschaum

*

Langoustinos
mit Blattspinat und Blätterteig

*

Rückenfilets vom Kaninchen
mit Pfifferlingen

*

Jumeaux-Ziegenkäse

*

Schneeier mit Erdbeeren

Junger Lauch in Riesling

*

Kalbsbries
in Champagnersoße

*

Seezungenröllchen
mit Hechtmus

*

Poulardenbrust
mit frischen Champignons
und Tomaten mit Kräutern

*

Tee-Parfait

*

Feingebäck
Mokka

Champagner-Menüs

Spinatsalat
mit Lammbries und Austern

*

Gänse-Essenz

*

Spargel mit Orangenbutter

*

Gebratenes Kalbsfilet
mit Steinpilzen
und Kräutern

*

Quarkklößchen
mit Himbeeren

*

Mokka

Hasenfilets
auf Blattsalaten

*

Artischockenböden
im Wurzelsud

*

Lachsklößchen
mit Champagnersoße

*

Bresser Masthuhn
mit Austernpilzen

*

Levroux-Ziegenkäse

*

Überbackene Erdbeeren
mit Vanilleeis

Champagner-Menüs

Brustscheiben
vom Hähnchen
in Kerbelschaum

*

Gefüllte Kalbsniere
mit Schalotten

*

Überbackene Flußkrebse

*

Rieslingsorbet

*

Rehmedaillon
mit Maronenmus

*

Tortenbrie

*

Kleine Pfannkuchen
mit Stachelbeeren

Beluga malossol-Kaviar
Blinis

*

Kleines Schnitzel
von warmer Gänseleber
mit Trüffeln

*

Frikassee vom Hummer
mit Krebsschwänzen

*

Graniteis
vom Champagner

*

Rehrückenfilet
mit gedünsteten Trauben
auf Weinlaub

*

Chevre
— Ziegenkäse —

*

Mokka

Menüs für Familienfeiern

Die Zusammenstellung eines Menüs für eine Familienfeier ist gegenüber Menüs, die vom Hotel- und Gaststättenbetrieb angeboten werden, weitgehend abhängig von den individuellen Erwartungen des Gastgebers, der — bestellt er ein Hochzeits-, Konfirmations- oder Taufessen — möglichst die besonderen Wünsche der von ihm eingeladenen Gäste berücksichtigt haben möchte.

Anspruchsniveau, Preisvorstellungen, regionale Eigenarten, Anlaß und Jahreszeit bestimmen die Menü-Kompositionen.

Aus den bereits aufgeführten Menü-Vorschlägen können zahlreiche Gerichte entnommen werden, die sich — harmonisch aufeinander abgestimmt, für Essen anläßlich von Familienfeiern eignen.

Beispiele für Menüs zu Familienfeiern
Januar/Februar

Kraftbrühe
mit Eierstich
und Kalbfleischklößchen

*

Lachsmedaillon
mit holländischer Soße
Trüffelreis

*

Gebratener Hasenrücken
Rosenkohl
Teltower Rübchen
Karotten
Spätzle

*

Vanille-Eistorte „Margot"

Roastbeefröllchen
mit Gemüsesalat
Röstbrot und Butter

*

Kraftbrühe
mit Markklößchen

*

Gedünsteter Steinbutt
mit Kräutersoße
Blätterteig

*

Gebratene Gans
Apfelrotkraut
Kartoffelkroketten

*

Obstsalat
mit Maraschino

Hummer-Cocktail
Röstbrot

*

Klare Ochsenschwanzsuppe
mit Portwein

*

Blätterteigpastetchen
mit Champignonragout

*

Gespickter Hirschrücken
Mit Rosinen gefüllter Bratapfel
Maronentörtchen
Mandelkrusteln

*

Halbgefrorenes
mit Grand Marnier

Fasanenpastete
mit Cumberland-Soße

*

Kraftbrühe
mit Schwemmklößchen

*

Schinken in Burgunder-Soße
Schwarzwurzeln
Kartoffelplätzchen

*

Zitronenkrem
mit Mandeln

Beispiele für Menüs zu Familienfeiern
März/April

Geräuchertes Forellenfilet
Sahnemeerrettich
Röstbrot und Butter

*

Tomatenkraftbrühe
mit Käsewindbeutel

*

Kükenragout
im Reisrand

*

Englisch gebratenes Roastbeef
Grüne Bohnen im Speckkleid
Sprossenkohl
Maiskrusteln

*

Apfelsinenkrem

Langusten-Cocktail
Röstbrot

*

Morchelrahmsuppe

*

Seezungenfilets
auf Blattspinat
im Kartoffelrand

*

Gebratene Truthahnbrust
mit Mandelreis
Apfelkompott

*

Rum-Eispunsch

Krabben-Cocktail
Röstbrot

*

Kerbelsuppe
mit verlorenem Ei

*

Kalbsfrikandeau
mit Champignonsoße
Spargelgemüse
Butternudeln

*

Hochzeitstorte

Spargelsalat
mit Kräutern
Röstbrot und Butter

*

Schnepfen-Essenz

*

Forellenfilet
in Tomatenschaum

*

Rinderlendenbraten
mit jungen Erbsen
und Mohrrüben
Pariser Kartoffeln

*

Rhabarber-Auflauf

Beispiele für Menüs zu Familienfeiern
Mai/Juni

Salat von Krebsschwänzen
Röstbrot und Butter

*

Hühnerkraftbrühe
mit Spargelspitzen

*

Kalbsrückensteak
Gedämpfter Lattich
Steinpilze mit Kräutern
Schloßkartoffeln

*

Himbeereis

Matjes-Cocktail
Zwiebelbrötchen

*

Kresse-Suppe

*

Steinpilzragout
im Reisrand

*

Lammrücken
Junge Bohnen mit Räucherspeck
Bäckerkartoffeln

*

Schokoladenkrem
mit flüssiger Sahne

Rehmedaillon
im Pastetenteig
Madeira-Gelee

*

Kraftbrühe
mit Lauchstreifen

*

Gebratener Kalbsrücken
Stangenspargel
mit holländischer Soße
Spinatauflauf
Neue Kartoffeln

*

„Liebestorte"

Hummer-Salat
Röstbrot und Butter

*

Taubenkraftbrühe
mit Champignons

*

Schweinemedaillons
im Spinat- und Blätterteigmantel
Morchelsoße
Kopfsalatherzen

*

„Schneebälle"
mit Erdbeeren

Juli/August

Gurken-Cocktail
Röstbrot

*

Krebssuppe
mit Trüffelklößchen

*

Gebratenes Kalbsfilet
mit Artischocken
und gedämpften Tomaten
Schmelzkartoffeln

*

Johannisbeertorte

Schnepfenterrine
Apfelsalat

*

Erdbeer-Kaltschale

*

Glasierte Kalbsbrust
mit jungem Wirsingkohl
Maiskolben
Dampfkartoffeln

*

„Zebraschnitten"

Beispiele für Menüs zu Familienfeiern
Juli/August

Kalbfleischpastete
Kalte Kräutersoße
Röstbrot

*

Artischockensuppe

*

Zanderfilet
auf gedünsteten Gurken

*

Rehrücken
Sauerrahmsoße
Pfifferlinge und Steinpilze
Käsespätzle

*

Salat von frischen Pfirsichen

Wildententerrine
mit Oxford-Soße

*

Kalbskopfsuppe
mit Tapioka

*

Hummerauflauf
mit Safransoße

*

Rinderzunge
in Madeirasoße
Kohlrabigemüse
Kartoffelplätzchen

*

Kirschstrudel

September/Oktober

Hasenpaste
mit Soße von weißen Johannisbeeren

*

Königinsuppe

*

Felchen nach Müllerinart

*

Zungenragout
mit Pilzallerlei
im Blätterteigpastetchen

*

Überraschungs-Omelett

Wachtelbrüstchen
auf Artischockensalat

*

Tomatensuppe
mit Gin

*

Zanderfilet
mit Käsesoße überbacken

*

Kasseler Rippenspeer
mit Burgundersoße
Nußkartoffeln
Feine Krautsalate

*

Aprikosen-Auflauf

86

Beispiele für Menüs zu Familienfeiern
September/Oktober

Geräucherte Gänsebrust
mit Quittengelee
Röstbrot

*

Hasenpunsch

*

Salmmedaillon
mit Tomatenschaumsoße

*

Gebratene Hochrippe
Gefüllte Zwiebeln
Staudensellerie
Gebratene Olivenkartoffeln

*

Windbeutel
mit Vanillekrem

Belon-Austern
Chesterschnittchen

*

Grünkernsuppe

*

Wildschweinsrücken
Rotkohl
Steinpilze
Kartoffelklöße

*

Traubentorte
mit Nüssen

November/Dezember

Gefüllte Eier
mit Keta-Kaviar

*

Schwalbennestersuppe

*

Gedünsteter Hecht
mit Krabbensoße
Gemüsereis

*

Gänsebraten
mit Leberfüllung
Maronenmus
Semmelklöße

*

Orangensalat

Gefüllter Schweinsfuß
mit Backpflaumen

*

Kraftbrühe
mit Brandteigkrapfen

*

Fasanenbrust
auf Champagnerkraut

*

Ochsenzunge
mit Trüffelsoße
Rosenkohl
Macaire-Kartoffeln

*

Fürst-Pückler-Eisbombe

Beispiele für Menüs zu Familienfeiern
November/Dezember

Gänseleberparfait
auf Artischockenböden
Brioche

*

Hummersuppe
mit frischer Sahne

*

Hasenfilets
mit Pilzfüllsel
in der Blätterteigkruste
Rotkraut in gedämpften Äpfeln

*

Portweinschaum

Lachsschinken
mit schwarzen und grünen Oliven
Röstbrot

*

Reh-Essenz
mit Champignonstreifen

*

Karpfen blau
mit Meerrettichschaum
Dampfkartoffeln
Endiviensalat

*

Gebratene Entenbrust
mit Ananas und Bananen
und Orangensoße
Curryreis

*

Nuß-Parfait

Koschere Menüs

Koschere Menüs (koscher, auch kauscher, hebräisch kaschêr = sauber, rein, erlaubt) müssen den Bestimmungen der jüdischen Speisegesetze entsprechen.
25 Prozent der israelischen Bevölkerung sind zwar nur orthodox, aber koschere Küche wird fast in allen, auch unreligiösen Kreisen gehalten.
Wesentlich haben die kibbutzim, große Kollektivfarmen, dazu beigetragen, daß eine ganze Reihe dem jüdischen Volkstum eigentümlicher Elemente aus dem gastronomischen Bereich verschwunden sind, während sich das Ritual in den eng zusammengeschlossenen Familien erhalten hat.
Koschere Nahrung betrifft das ganze Leben — Tag für Tag, Bissen für Bissen — besonders aber an den jüdischen Festtagen.

Jüdische Festtage

Biblisch gebotene Feste

— Sabbat = jüdischer Ruhetag jeder Woche (Samstag)
— Neujahrsfest = das jüdische Kalenderjahr beginnt mit dem Monat
(Rosch ha-schana) Tischri (September)
— Versöhnungstag = 10. Tischri
— Laubhüttenfest = Tage zwischen dem 15. und 21. Tischri
— Ostern (Pessach) = vom 15. bis 22. Nissan (März—April)

Historische Feste

— Fest der Tempel- = vom 15. Kisslew (November—Dezember) und dauert acht
weihe (Chanukka) Tage
— Losfest (Purim) = 14. Adar (Februar—März)

Fastentage

— 17. Tammus, 9. Aw, 3. Tischri, 10. Tewet

Die wichtigsten Gebote und Verbote

— Für den Verbrauch sind Fleischfresser und zufällig verendete Tiere verboten (gerissenes Aas = trefa)
— Für den Verbrauch erlaubt (tauglich = koscher) sind grasfressende Wiederkäuer mit gleichzeitig gespaltenem Huf (Zuchtvieh)
— Schweinefleisch ist streng verboten.
— Die Tiere müssen geschächtet sein, d.h. sie werden geschlachtet, indem die Gurgel mit der Ader durchschnitten wird, um ein rasches und intensives Ausbluten zu ermöglichen.

— Nach der Schlachtung muß das Fleisch eine halbe Stunde gewässert, eine Stunde gesalzen, das Blut gut abgewaschen und das Fleisch abgetrocknet werden.

— Als Bratfett dürfen nur 100 % reines Pflanzenöl und Fette von reinen Tieren (z.B. Gans) verwendet werden.

— Erlaubt sind Fische mit Schuppen und gleichzeitig Flossen.

— Verboten sind Austern, Hummer, Krabben usw., auch der Kaviar unreiner Fische, auch der Rogen des Störs.

— Während der Tage des Pessachfestes ist die Verwendung von gesäuertem Brot verboten (Ersatz: Mazzen).
Beim Auszug aus Ägypten mußten die Juden ihre Vorbereitungen in aller Hast betreiben und hatten keine Zeit, das Brot aufgehen zu lassen.)
Alle Küchen- und Lebensmittel müssen „koscher le pessach" gekauft werden. Nur sie dürfen verwendet werden.

— Um dem Gebot Gottes nachzukommen „Du sollst das Lamm nicht in der Milch seiner Mutter kochen", essen die Juden niemals Fleisch mit Milchspeisen zusammen.

— Nach dem Genuß von Fleisch muß sechs Stunden gewartet werden, ehe Milchspeisen verzehrt werden dürfen, umgekehrt eine halbe Stunde.

— Für Fleischgerichte und Milchspeisen werden verschiedene Koch- und Tafelgeschirre, auch Tischdecken, benutzt.

— Grundsätzlich sind alle alkoholfreien Getränke erlaubt. Bei alkoholhaltigen ist Bier (ausgenommen am Pessachfest), klarer Schnaps (Wodka, Slivowitz) erlaubt, jedoch kein Cognac, Weinbrand.
Wein ist immer erlaubt, jedoch muß er koscher sein, d.h. Israelwein oder französischer Wein — aber immer nur mit dem Stempel „koscher" des Rabbinates versehen.

— Essig ist verboten, solange er mit Wein hergestellt wurde. Erlaubt ist Apfelessig (100 %).

— Jede Art von Milchspeisen, Milch und Käse sind nur erlaubt, wenn sie den Stempel „koscher" des Rabbinates tragen.

Beispiele für koschere Menüs

Falaffel	*Eierfrüchte*
*	*mit Tomatenmus*
Waller im Wurzelsud	*Röstbrot*
Geröstetes Weißbrot	*
*	*Fischbeuschelsuppe*
Gänseklein	*
mit Petersiliensoße	*Gespickte Schöpsenkeule*
Pistazienreis	*mit Kümmelsoße*
*	*Mamaliga*
Schokoladenmus	*
	Salat von Melonen

Beispiele für koschere Menüs

Salat von Eiern, Gurken,
Zwiebeln, Oliven und Tomaten
Mazzen

*

Klare Suppe von koscherem Huhn
mit Kalbsmilz

*

Gedünsteter Zander
in Mandelsoße
Junge Karotten
Patnareis

*

Apfelsalat

Kalbsbries-Pastete
auf Blattsalaten
in Zitronen-Marinade

*

Suppe von koscherem Wein
mit geriebenen Semmeln

*

Gebratener Hecht
auf jüdische Art

*

Nußkipfel

Gänseleber in Aspik
Senffrüchte

*

Kürbissuppe

*

Karpfenschnitte
in Paprikasoße
Nudelflecken

*

Salat von Ananas
und Pampelmusen

Hühnerbrüstchen
auf Champignonsalat
Röstbrot

*

Kraftbrühe
mit Markknödeln

*

Karpfen
nach polnischer Art

*

Früchtereis

Gesulzter Karpfen
Apfelkren
Salzgurken

*

Kraftbrühe
mit Eiergraupen und Lauch

*

Kalbszungen
in Lebkuchen-Bier-Soße
Dampfkartoffeln

*

Pessach-Kompott

Hechtpastete
mit kalter Kräutersoße

*

Kraftbrühe
mit Spargelspitzen

*

Hammelkoteletts
Knoblauchsoße
Gedämpfter Chicoree
mit Tomaten
Pariser Kartoffeln

*

Rhabarber-Kompott

Beispiele für koschere Menüs

<table>
<tr><td>

Taubenbrüstchen
mit Zitronenschaum

*

Suppe von Roten Rüben

*

Gekochtes Schöpsenfleisch
mit Majoransoße
Dampfkartoffeln
Endiviensalat

*

Birne im Blätterteig

</td><td>

Kalbshirn
auf Salat von Radieschen
Mazzen

*

Lauchsuppe

*

Gebratener koscherer Truthahn
Mangold
Maiskrusteln
Apfelkompott

*

Honig-Gefrorenes

</td></tr>
<tr><td>

Marinierte Heringe
mit Oliven und Zwiebeln
Grahambrot

*

Leberreissuppe

*

Gebratener Fasan
auf Linsenpüree
Buchweizen-Plätzchen

*

Pflaumenkompott

</td><td>

Forellenfilet
mit Zitronen-Meerrettich

*

Selleriesuppe

*

Lungenbraten
mit Gänseleber
Soße von Israel-Wein
Rosenkohl
Kartoffelkrusteln

*

Bananenkrem
mit Schokoladensplittern

</td></tr>
</table>

Anmerkung:

Fischbeuschelsuppe	= eine aus Karpfenmilch, Zwiebeln, Wurzelwerk, Apfelessig, koscherem Rotwein, Mehl, Zitronensaft hergestellte Suppe. Der Karpfenrogen wird auf Röstbrot extra gereicht.
Falaffel	= Sandwich mit einer mit verschiedenen orientalischen Kräutern stark gewürzten Boulette.
Kren	= Meerrettich
Lungenbraten	= Rinderlendenbraten
Mamaliga	= Maismehlschnitte (Rumänien)
Mazzen	= Dünne Fladen aus Wasser und Mehl
Pessach-Kompott	= Mit koscherem Wein, Wasser, Zucker und Orangenschalen gekochte Karotten, als Kompott mit Orangenscheiben garniert.

Prüfungs-Menüs

Prüfungs-Menüs stehen unter besonderen „Gesetzmäßigkeiten", weil mitunter von den bekannten Menüregeln wegen der Verhältnismäßigkeit des Schwierigkeitsgrades aller beteiligten Prüflinge abgewichen werden muß.

So werden die gleichen Rohstoffe unter Umständen mehrere Male in einem Menü in Erscheinung treten. Auch die farbliche Abwechslung kann infrage gestellt sein.

Die Prüfungsausschüsse der Industrie- und Handelskammern sind zudem an die in den Prüfungsanforderungen (Teil der Ausbildungsordnung) genannten Mindestleistungen im Rahmen von Zwischen- und Abschlußprüfungen gebunden.

Kritische Anmerkung: In jedem Fall muß der hier und dort zu beobachtenden Unsitte entgegengewirkt werden, daß Prüfungsmenüs konzipiert werden, die den Rahmen der Anforderungen sprengen, um den geladenen Gästen zu imponieren, und teilweise von Prüfern „mitgestaltet" werden.

Nur die Einzelleistung soll und kann bewertet werden, wenn die Essen so serviert werden, wie sie von den Prüflingen gekocht worden sind.

In besonderem Maße gelten diese Überlegungen auch für die Meisterprüfungen.

Beispiele für Prüfungs-Menüs
(Abschlußprüfung im Ausbildungsberuf „Koch — Köchin")

GRUPPE 1 (12 Prüflinge)   **99** = Nummer des Prüflings

Gedeck 1

2	*Mit Schinkenmus gefüllte Eier*
	auf Karotten-Rohkostsalat
	Röstbrot und Butter
	*
1	*Kraftbrühe mit Markklößchen*
	*
2	*Gedünstetes Goldbarschfilet in Weißweinsoße*
	mit Schmorgurken
	Dampfkartoffeln
	*
1	*Gebratenes Masthuhn*
	Pariser Kartoffeln
	Eine Auswahl frischer Salate
	*
3	*Karamelkrem*

Beispiele für Prüfungs-Menüs

(Abschlußprüfung im Ausbildungsberuf „Koch — Köchin")

GRUPPE 1 (12 Prüflinge)   **99** = Nummer des Prüflings

Gedeck 2

5
Verlorene Eier
mit Kräutermayonnaise
Röstbrot und Butter

*

4
Kraftbrühe mit Schwemmklößchen

*

5
Gedünstetes Goldbarschfilet in Weißweinsoße
mit Tomatenwürfeln und Champignons
Butterkartoffeln

*

4
Gebratenes Masthuhn
mit glasierten Maronen
Rosenkohl
Schweinswürstchen
Würfelkartoffeln

*

6
Grießflammeri

Gedeck 3

8
Mit Lebermus gefüllte Eier
auf Apfel-Sellerie-Salat
Röstbrot und Butter

*

7
Kraftbrühe mit kleinen Windbeuteln

*

8
Gedünstetes Goldbarschfilet in Weißweinsoße
mit Artischocken und Garnelen
Schwenkkartoffeln

*

7
Glasierte Mastente mit Orangen
Herzogin-Kartoffeln
Salatherzen mit Ananassahne

*

9
Bayrische Erdbeerkrem

Gedeck 4

11	*Verlorene Eier* *mit Tomatenmayonnaise* *auf Gemüsesalat* *Röstbrot und Butter*
	*
10	*Kraftbrühe mit Pfannkuchenstreifen*
	*
11	*Goldbarschfilet nach Florentiner Art*
	*
10	*Glasierte Mastente* *Rosenkohl* *Geformte Karotten* *Erbsen nach französischer Art* *Nußkartoffeln*
	*
12	*Kalter Weinschaum*

Essen für Prüfer und Prüflinge
als Prüfungsessen

3	*Kalbsfrikassee* *mit Champignons und Spargel* *Pistazienreis* *Chicoree-Salat*
	*
6	*Ungarisches Gulasch* *Semmelknödel* *Kopfsalat in Zitronenmarinade*
	*
9	*Irish Stew*
	*
12	*Rehragout* *mit handgeschabten Spätzle* *Selleriesalat*

Beispiele für Prüfungs-Menüs

(Abschlußprüfung im Ausbildungsberuf „Koch — Köchin")

GRUPPE 2 (12 Prüflinge)   **99** = Nummer des Prüflings

Gedeck 1

14
Krevetten-Cocktail
Röstbrot und Butter

*

13
Kraftbrühe mit Gemüsestreifen

*

14
Gedünstete Lachsschnitte
Holländische Soße mit Tomatenwürfeln
Butterkartoffeln
Kopfsalat mit Kräutern

*

13
Masthähnchen vom Grill
mit Speck und Maiskölbchen
Strohkartoffeln
Bohnensalat

*

15
Birne mit Schokoladensoße
auf Vanilleeis

Gedeck 2

17
Cocktail von Krabben, Tomaten
und frischen Gurken
in Dillsoße
Röstbrot und Butter

*

16
Kraftbrühe mit Gemüsewürfeln

*

17
Gedünstete Lachsschnitte
Mousseline-Soße
Butterreis
Salatherzen mit Vinaigrette-Soße

*

16
Gebackenes Hähnchen nach Wiener Art
Kartoffelsalat
Chicoree- und Wachsbohnensalat

*

18
Pfirsich Melba

96

Gedeck 3

20	Muschel-Cocktail Röstbrot und Butter
	*
19	Kraftbrühe mit Eierstich
	*
20	Gedünstete Lachsschnitte Holländische Soße mit Hummermark Petersilienkartoffeln Gurkensalat
	*
19	Gebratenes Masthähnchen nach Hausfrauenart Salat von Sellerie und Äpfeln
	*
21	Ananas mit Himbeersoße auf Vanilleeis

Gedeck 4

23	Cocktail von Langustenschwänzen Röstbrot und Butter
	*
22	Kraftbrühe mit Windbeutelchen
	*
23	Gedünstete Seezungenfilets Holländische Soße mit Keta-Kaviar Schwenkkartoffeln Radicchio-Salat
	*
22	Masthähnchen in Paprikasoße Handgeschabte Spätzle Eine Auswahl frischer Salate
	*
24	Bayrische Vanillekrem

Essen für Prüfer und Prüflinge
als Prüfungsessen

15	*Rinderbrust nach flämischer Art*
	*
18	*Schweinerücken auf Bäckerinart*
	*
21	*Kalbsgulasch*
	Handgeschabte Spätzle
	Kopfsalat
	*
24	*Leberknödel*
	mit Äpfeln und Zwiebeln
	Macaire-Kartoffeln
	Krautsalat

GRUPPE 3 (12 Prüflinge)   **99** = Nummer des Prüflings

Gedeck 1

26	*Cocktail von Melonen*
	*
25	*Grünkernsuppe*
	mit Markklößchen
	*
26	*Gebackener Karpfen*
	Sahnemeerrettich
	Dampfkartoffeln
	Eine Auswahl frischer Salate
	*
25	*Schweinefilets*
	mit Bananen und Kokosnuß
	in Currybutter
	Patnareis
	Salatherzen in Roquefort-Marinade
	*
27	*Kleine Eierkuchen*
	mit Erdbeersahne

Gedeck 2

29	*Spargel-Cocktail*
	*
28	*Schottische Gerstensuppe*
	*
29	*Frischer Aal in Dillsoße*
	Butterkartoffeln
	Gurkensalat
	*
28	*Kalbsfilets*
	mit Colbert-Soße
	Überbackene Blumenkohlröschen
	Streichholzkartoffeln
	*
30	*Zitronenkrem mit Früchten*

Gedeck 3

32	*Cocktail von Artischocken*
	*
31	*Italienische Gemüsesuppe*
	*
32	*Forellenfilets*
	in Weißwein gedünstet
	mit Champignons
	Butterkartöffelchen
	Kopfsalat in Kräuter-Marinade
	*
31	*Filetgulasch*
	mit Tomaten und Auberginen
	im Spaghettirand
	*
33	*Brandteigkrapfen*
	mit Vanillesoße

Gedeck 4

35	*Cocktail von Gurken, Fenchel* *und Champignons* *
34	*Tomatenkremsuppe* *mit gerösteten Brotwürfeln* *
35	*Gedünstete Zanderschnitte* *Holländische Soße mit Meerrettich* *Schwenkkartoffeln* *Chicoree-Salat* *
34	*Rindersteak Esterhazy* *mit breiten Nudeln* *
36	*Reis Trauttmansdorff*

Essen für Prüfer und Prüflinge
als Prüfungsessen

27	*Gefüllte Rinderrouladen* *Herzogin-Kartoffeln* *Krautsalate* *
30	*Gefüllte Kohlrouladen* *Macaire-Kartoffeln* *Verschiedene Salate* *
33	*Schweinekoteletts* *auf ungarische Art* *Handgeschabte Spätzle* *
36	*Rheinischer Sauerbraten* *Kartoffelklöße* *Tomatensalat*

Beispiele für Prüfungs-Menüs (Küchenmeisterprüfung)

(24 Prüflinge)   **99** = Nummer des Prüflings

Gedeck 1

1
*Barbarie-Entenbrust
in Sherry-Essig mariniert
auf Champignonsalat
Baguette und Butter*

*

2
*Kalte Tomatenkraftbrühe
mit Eierstich*

*

1
*Forellenfilets
mit Lachsmus-Füllung
in Weißweinsoße
Spinatförmchen
Trüffelreis*

*

2
*Lammsattel auf provencalische Art
Glasierte weiße Rübchen
Zwergkürbisse
Schloßkartoffeln
Radicchio-Salat in Zitronenrahm*

*

1
*Pumpernickelkrem
mit Pfefferminzsoße*

Gedeck 2

3
*Gebeizte Hähnchenbrust
auf Spinatsalat in Cidre-Essig
mit aufgeschlagenem Sherryrahm
Baguette und Butter*

*

4
*Rinderkraftbrühe
mit Teufelskrusteln*

*

3
*Jakobsmuscheln
nach provencalischer Art
Kopfsalatherzen in Estragon-Marinade*

*

4
*Gefüllte Lammkeule in der Salzkruste
Gedünsteter Chicoree mit Rindermarksoße
Tomaten mit Kräuterchampignons
Schweizer Rösti
Feldsalat in Senfmarinade*

*

3
Russische Charlotte

101

Beispiele für Prüfungs-Menüs
Gedeck 3

5	*Melonen-Cocktail*
	mit Pampelmuse und Minzblättchen
	*
6	*Weinsuppe mit Kalbshirn*
	*
5	*Hechtzephir-Rand*
	mit einem Ragout von Spargel,
	Champignons und Trüffelklößchen
	in Krebssoße
	Schmelztomaten in Artischockenböden
	Blätterteighalbmonde
	*
6	*Gefüllte Poulardenbrüste*
	in Mandelbutter gebraten
	Spinatauflauf
	Lauchgemüse
	Safranreis in Auberginen
	*
5	*Frischer Pfirsich mit Himbeermark*
	auf Vanille-Kremeis

Gedeck 4

7	*Artischockensalat*
	mit Radieschen, Sellerie
	und Weißbrotwürfelchen
	*
8	*Badisches Kressesüppchen*
	mit Rehnocken
	*
7	*Lachsroulade*
	mit zarter Hecht-Füllung
	Aufgeschlagene Pernod-Soße
	Dillkartoffeln
	*
8	*Schweinefilet*
	mit Schinken-Champignonsfüllsel
	im Blätterteigmantel
	Robert-Soße
	Salat von Blumenkohl, Brokkoli,
	Tomaten und Fenchel
	*
7	*Kalter Portweinschaum*

Beispiele für Prüfungs-Menüs
Gedeck 5

9   *Kalbsbriesscheiben*
auf Lauch- und Fenchelstreifen
Buttertoast

*

10   *Fasanenkraftbrühe*
mit Trüffelklößchen
und Ingwerstäbchen

*

9   *Gefüllte Lachsschnitte*
im Blätterteigmantel
Aufgeschlagene Dillsoße
Chicoree-Salat

*

10   *Gebratene Hochrippe*
Westmoreland-Soße
Gedünsteter Sellerie
Grilltomaten
Yorkshire-Pudding

*

9   *Pralinen-Eisauflauf*
Feines Gebäck

Gedeck 6

11   *Terrine vom Frischling*
mit Gänseleber
Brioche

*

12   *Kraftbrühe*
mit Markklößchen

*

11   *Gedünstete Steinbuttschnitte*
mit Basilikumsoße
umlegt mit gebackenen Froschschenkeln
und Hechtklößchen
Mandelreis

*

12   *Rinderfilet Wellington*
Trüffelsoße
Eine Auswahl frischer Salate

*

11   *Eistorte Melba*

Beispiele für Prüfungs-Menüs
Gedeck 7

13
Salat von Scampischwänzen
mit Kräuterschaum
Wiener Gebinde

*

14
Klare Kalbsschwanzsuppe
mit Butternocken

*

13
Gefülltes Stubenküken
Lorette-Kartoffeln
Salat von grünen und gelben Bohnen

*

14
Hirschmedaillons
mit Steinpilzen, überbacken
Pfefferrahmsoße
Mit Maronenmus gefüllte Äpfel
Spätzle vom Brett
Salat von rotem Chicoree

*

13
Marsala-Krem
mit Löffelbiskuits

Gedeck 8

15
Kaninchenfilets
auf Paprikasalat
Knoblauchkrusteln

*

16
Doppelte Kraftbrühe
mit Gänseleber-Brioche

*

15
Gefüllte Zanderschnitte
Champagnersoße
Blätterteigtaschen mit Keta-Kaviar

*

16
Lammkoteletts Vert Pré
mit gedämpftem Lauch, Brokkoli
und grünen Bohnen
Kartoffelkrapfen

*

15
Mus von weißer und brauner Schokolade

Gedeck 9

17	*Lammzungen und Hummer* *in Tomatenschaum* *Baguette und Butter* *
18	*Weiße Windsorsuppe* *
17	*Würstchen vom Seeteufel* *mit Jakobsmuscheln* *Knoblauchsoße* *Fenchelrisotto* *
18	*Gebratene Schnepfe* *Trüffelsoße* *Junge Karotten mit Sauerampfer* *Gebackene Champignons* *Kartoffelnocken* *
17	*Pistazienkrem* *mit Teegebäck*

Gedeck 10

19	*Wachtelbrüste* *mit Palmenherzen* *auf Radicchio-Salat* *
20	*Germiny-Suppe* *mit Chesterstange* *
19	*Auflauf vom Hummer* *mit Newburgh-Soße* *
20	*Rosa gebratenes Kalbsfilet* *mit Pfifferling-Soße* *Spargelkrusteln* *Spinatnudeln* *
19	*Hippenkästchen mit Weinkrem*

Beispiele für Prüfungs-Menüs
Gedeck 11

21	*Aalgalantine* *mit Dillmayonnaise* *Toast* *
22	*Kraftbrühe* *mit Sellerie- und Zungenstreifen* *
21	*Rehmedaillon* *auf Steinpilzmus* *mit gedünsteten Trauben* *
22	*Junge Ente mit Orangen* *Brokkoli mit Haselnußbutter* *Thronfolger-Kartoffeln* *Endiviensalat* *
21	*Hefekranz mit Rum* *und Früchten*

Gedeck 12

23	*Scheiben von gefülltem Kalbsherz* *mit Kräutersoße* *Toast* *
24	*Klare Ochsenschwanzsuppe* *mit Morchel-Brioche* *
23	*Lachsmedaillon* *mit Langusten-Parfait* *Hummersoße* *Reishütchen mit Käse* *
24	*Kapaunbrust Chipolata* *
23	*Sorbet von Klementinen*

Einzelgerichte

Senioren-Menüs

Senioren-Menüs sind den physiologischen Bedürfnissen der Menschen dieser Altersgruppe anzupassen. Neben einer gedrosselten Quantität sollte unbedingt auf salzarme und leichte Kost geachtet werden. Erfahrungsgemäß ißt der ältere Mensch gern süß. Diesem Wunsch entsprechend, muß Zucker weitgehend durch Süßstoff ersetzt werden, da sich ältere Menschen im Regelfall wenig Bewegung verschaffen. Jahreszeitliche Angebote, eine ansprechende Anrichteweise und eine aufmerksame Bedienung sind besonders zu fordern, weil für den Senioren der „Weg ins Restaurant" zu einem Erlebnis wird und Abwechslung vom sonst häufig eintönigen Alltag bieten soll.

   Da der ältere Mensch in vielen Fällen einen Ein-Personen-Haushalt führt, eignen sich besonders solche Gerichte, die in kleinen Mengen zuhause nicht oder nur mit größter Mühe herzustellen sind.

Beispiele für Senioren-Menüs

Schwarzer Johannisbeersaft *** *Hühnerfrikassee* *mit Spargel und Champignons* *Butterreis* *** *Schnittlauch-Quark*	*Klare Ochsenschwanzsuppe* *** *Kräuteromelett* *Kopfsalat mit Zitronenmarinade* *** *Erdbeereis* *mit Hippenblättern*
Tomatensuppe *mit Brotwürfelchen* *** *Rühreier mit Schinken* *Feine Erbsen* *Röstkartoffeln* *** *Bananeneis*	*Lauchkremsuppe* *** *Eierkuchen mit Erdbeerkonfitüre* *** *Kaffee mit Sandkuchen*
Champignon-Salat *mit Röstbrot* *** *Rosa gebratenes Roastbeef* *Bohnengemüse* *Nußkartoffeln* *** *Zitronenkrem*	*Geflügelkraftbrühe* *mit Eierflocken* *** *Gekochter Schellfisch* *mit Petersilienkartoffeln* *Salzkartoffeln* *Gurkensalat* *** *Quarkspeise mit Trauben*

Eiersalat
mit Tomaten
Röstbrot

*

Schweinelendchen
mit feinem Ragout,
überbacken
Spargel und Erbsen
Kartoffelplätzchen

*

Pfirsich auf Vanille-Eis

Hühnerkraftbrühe
mit Gemüseperlen

*

Rehragout mit Pfifferlingen
Hörnchen-Nudeln
Chicoree-Salat

*

Himbeerschnitte

Selleriekremsuppe

*

Gebratene Schollenfilets
auf Paprikagemüse
Salzkartoffeln

*

Ananas-Kompott

Kraftbrühe
mit Eierstich

*

Kalbsrollbraten
mit Rahmsoße
Butternudeln
Endiviensalat

*

Orangen-Salat

Karottensuppe
mit Kräutern

*

Leberknödel
mit Weinkraut
Kartoffelpüree mit Röstzwiebeln

*

Frucht-Joghurt

Thunfisch-Salat
auf Artischockenböden

*

Gedünstete Hähnchenbrust
mit Pilzsoße
Schwenkkartoffeln
Tomatensalat

*

Weingelee

Vorspeisen-Tablett (Cabaret)

In Form eines Cabaret (Tablett mit Glasschälchen) werden in Hotel- und Gaststättenbetrieben exquisite kalte Vorspeisen angeboten, auch auf Vorspeisen-Wagen, wobei die offerierten Speisen ihren Reiz auf die Gäste nicht verfehlen.

Getrüffeltes Gänseleber-Parfait	Geräuchertes Störfleisch mit Spargelspitzen	Roastbeefröllchen mit Gewürzgurken	Forellenfilets mit Sahnemeerrettich	Lachsschinken auf Salat von Radieschen
Hummer-medaillons auf Champignonsalat	Artischocken-böden mit Tomaten und Kräutern	Beluga Malossol Kaviar	Fasanenpastete mit Portweingelee	Räucheraal auf Apfelscheiben
Gefüllte Eier mit Sardellen auf Gemüsesalat	Rehfilets mit Kirschen auf Waldorf-Salat	Hühnerbrüste mit Ananas und Currymayonnaise	Gepökelte Ochsenzunge mit Oliven	Kalbfleischpastete mit Melonen

Mundbissen (Canapés)

Kleine, oft geröstete Weißbrotschnitten, die mit pikanten Speisen belegt werden, sehr gebräuchlich bei Stehempfängen. Aber auch bei Festessen wird die kalte Vorspeise häufig durch Canapés ersetzt.

Beispiele für Canapés

Rohstoffe:	Garnitur:
Tatar	*Kapern*
Hummermedaillon	*Trüffelscheibe*
Kaviar	*Eigelb (gehackt)*
Gekochter Schinken	*Kleine Gewürzgurke*
Salami	*Olive*
Roastbeef	*Meerrettich*
Rehfilet	*Weintraube*
Geräucherter Lachs	*Salatgurke*
Gänseleberparfait	*Pistazie*
Gekochte Eischeiben	*Sardellen*
Bündner Fleisch	*Radieschenscheibe*
Pökelrinderzunge	*Maiskölbchen*
Kalbsbraten	*Spargelspitze*
Störfleisch	*Keta-Kaviar*
Putenbrust	*Ananas*
Geräuchertes Forellenfilet	*Dillzweig*
Räucheraal	*Zitronenschnitz*
Kasseler	*Tomatenecke*
Kalbsleberpastete	*Kirsche*
Gebratene Entenbrust	*Orangenfilet*
Schweinebraten	*Estragonblatt*
Lachsschinken	*Perlzwiebel*
Matjesfilet	*Zwiebelring*
Gervaiskrem	*Pumpernickelscheibe*
Roquefort	*Käsestängelchen*

II. Teil

Empfehlungen
für die Gestaltung
von Speisekarten

Die Speisekarte ist Verkaufshilfe

Eine Speisekarte ist ein Marketing-Instrument, eine wichtige Verkaufshilfe. Bedeutend auch deshalb, weil mit dem Angebot, das über die Speisekarte an den Gast geleitet wird, nicht nur juristische Verpflichtungen eingegangen werden, sondern sich ein Haus mit Küche und Keller auch wie ein Markenartikel präsentieren kann.

Die Speisekarte — dies gilt auch für die Getränke- oder Weinkarte — ist damit eine Visitenkarte des gastronomischen Betriebes. Vergleichbar etwa mit Kleid und Make up einer schönen Frau. Wer schließt nicht von schlampiger, fleckiger Kleidung oder einem allzu heftig angemalten Gesicht auf die Person?

Mit der Karte des Hauses kann man Appetit machen, Wünsche wecken, den Gast sogar verführen. Man kann aber auch den Gast damit verärgern, abstoßen, seine Kaufentscheidung für das Angebot des Hauses verhindern und ein lakonisches „Wir kommen ein anderes Mal wieder ..." provozieren.

Werben und Vertreiben

Die Speisekarte ist, einmal abgesehen von der Beratung durch den Service, Werbe- und Vertriebsinstrument für die Gastronomie. Sie wirbt durch ihre Gesamterscheinung für die Produkte eines Restaurants, beeinflußt Kaufentscheidungen und bestimmt damit den Vertrieb der von der Küche angebotenen Ware. Mit anderen Worten: Wenn die Speisekarte nichts taugt, hakt es im Verkauf, die Küche bleibt auf ihren Produkten sitzen.

Harmonie als Voraussetzung

Wenn die Speisekarte eine wirksame Verkaufshilfe sein soll, dann muß sie wie ein Markenartikel eine Reihe grundsätzlicher Harmonien im Dialog mit dem Konsumenten, also im stillen Gespräch mit dem Gast, erfüllen:

Harmonie 1: Qualität ist Wahrheit

Die Qualitäten einer Küche müssen mit den qualitativen Werbeaussagen auf der Speisekarte übereinstimmen. Wenn der Gast liest „mit selbstgemachten Klößen aus frischen Kartoffeln", dann darf er nicht die ihm vom Supermarkt her bekannten Fertigklöße auf dem Teller finden.

Aber auch das ist Qualität: Da wird „knackig frischer Eisbergsalat" angeboten, der Gast stochert anschließend lustlos in einer Pampe von in sich zusammengefallenen Salatblättern mit Sahnesauce herum. Der Eisbergsalat mag ja noch stimmen, doch von „knackig frisch" fehlt jede Spur.

Nicht nur qualitative Sünden stören die Harmonie. Es soll auch Gastronomen geben, die es mit der Wahrheit nicht so genau nehmen. Sie preisen ihr „Wiener Schnitzel" an, haben dafür anstelle des Kalbs aber ein Schwein geschlachtet — und machen sich damit auch vor dem Gesetzgeber (Warenunterschiebung) schuldig.

Andere werben auf der Speisekarte mit einem „Schwarzwälder Kirschwasser zum Kaffee" und gießen den 40-Prozenter aus einer Flasche aus, deren Inhalt in einem ostwestfälischen Betrieb destilliert wurde. „Schwarzwälder Kirschwasser" aber muß laut gesetzlicher Definition rundrum aus dem Schwarzwald stammen: Die Kirschen müssen dort gewachsen sein, die Destillation muß dort erfolgt sein.

Wenn auf der Speisekarte versprochene Qualität Wahrheit ist, erfüllt sich damit eine wesentliche Voraussetzung für den gastronomischen Erfolg.

Harmonie 2: Stil ist Charakter

Jeder Markenartikel hat eine unverkennbare Identität, hat charakteristische Merkmale, unverwechselbare Eigenschaften, neben qualitativen also auch stilistische Besonderheiten. Das zeigt sich etwa im Schriftzug eines Markennamens (zum Beispiel Coca Cola, Fürst von Metternich, König Pilsener), in der Art, wie für ihn geworben wird, wie die Farbgebung seiner Verpackung ist, welche Aussagen in der ihn begleitenden Werbung getroffen werden.

Genauso wenig wie ein Sekt mit poppig knallrot-gelb-grün gestaltetem Etikett — ähnlich einer Punk-Frisur — das von ihm erwartete Geschmackserlebnis und Ambiente vermitteln könnte, wird es einer Speisekarte ergehen, die in Stil und Gestaltung nicht dem Charakter des gastronomischen Betriebs entspricht, für den sie werben soll.

Ein Beispiel: Das Restaurant ist ein einziger Spiegelsaal, seine Möbel sind aus Plexiglas, die Bilder an den Wänden stammen von Pop-Art-Künstlern. Das Unternehmen ist zudem in einem piekfeinen City-Center untergebracht, zu dessen Erbauung der Architekt seine ganze Phantasie von moderner Raum- und Umweltgestaltung in Glas und Rolltreppen, Wasserspielen und Neonlicht aufgeboten hat.

Das neue Restaurant hier aber heißt „Zum treuen Husar" oder „Zum alten Fritz". Und draußen an der Fassade wird's auch noch in kupfern gerahmter Leuchtschrift verkündet. Auf den Tischen Kerzen in Messingleuchtern und weidengeflochtene, mit Stoffdeckchen im klassischen blau-weißen Zwiebelmuster verzierte Brotkörbchen aus Plastik, in denen vor der Speise ein derbes Zwiebelbrot mit Griebenschmalz gereicht wird. Die Speisekarte ist folgerichtig in rustikaler Federzeichner-Art mit einem westfälischen Fachwerk-Design geschmückt und in geschnörkelter Schrift werden hauptsächlich „Pizza Capricciosa", „Lasagne al forno" und „Dicke Bohnen mit Saftrippchen aus Großmütterchens Küche" angeboten. Die Menage fehlt nicht und enthält selbstverständlich neben Salz und Pfeffer Maggi zum Nachwürzen.

Hier paßt es — wie so oft — hinten und vorne nicht zusammen. Hier wird eklatant gegen grundsätzliche Stilfragen verstoßen, und damit bleibt ein gastronomischer Betrieb charakterlos. Dem Gast wird durch die äußere Architektonik etwas völlig anderes versprochen, als ihn innen erwartet. Einmal ist er, vielleicht trieben ihn Durst oder Hunger, hereingestolpert, beim zweiten Mal schlägt er einen Bogen um ein Restaurant, das mit fehlendem Stil nur einen negativen Eindruck hinterlassen konnte.

So scheitert jeder Betrieb, dessen Inhaber nicht begreift, daß äußerer und innerer Stil den Charakter eines Unternehmens und seinen Erfolg ausmachen, wenn sie in Harmonie zueinander stehen.

Harmonie 3: Können ist Glaubwürdigkeit

Für den Gast ist die innere Harmonie eines gastlichen Hauses ein wesentliches Kriterium. Dazu gehört auch die Einheit von Speisekarte und Service. Was hilft es, wenn die Küche über die Karte hervorragende Hoffnung weckt, der Service aber mit wenigen Handlungen alle Erwartungen wie ein heftiger Hagelschauer auf eine Frühjahrssaat erschlägt? Die umgekehrte Reihenfolge gilt natürlich genauso.

Harmonie mit sich selbst, dann wird Können auch zur Glaubwürdigkeit. Wenn die Küche über die Speisekarte anspruchsvoll ,,Seezunge Café Riche" annonciert und der Gast beim Service nachfragt, wie denn die Seezunge in diesem Fall zubereitet sei, dann muß eine klare und wahre Antwort folgen. Aber nicht die: ,,Keine Ahnung, muß ich mal in der Küche nachfragen, was die sich da wieder ausgedacht haben!"

Und wenn der Restaurantdirektor oder sein Oberkellner die ,,Seezunge Café Riche" kennerisch-verführend ,,mit Ragout von Languste und Trüffeln, mit Viktoriasauce übergossen" dem Gast schon vor der Bestellung das Wasser im Munde zusammenlaufen lassen, dann muß das Produkt aus der Küche auch die Hoffnungen erfüllen, die von Speisekarte und Service genährt wurden.

Zum Können — und damit zur Glaubwürdigkeit — zählt auch, daß die Service-Brigade nicht nur in bodenlangen weißen Schürzen durch die gastlichen Räume schwebt, sondern auch weiß, daß ,,Barden" in der Speisekarte mit Sicherheit Speckscheiben und in diesem Fall nicht mit den mittelalterlichen Sängern und Dichtern (aus dem Keltischen) zu verwechseln sind.

Peinlich wird es generell, wenn eine ,,hochgestochene" Speisekarte ausliegt und der beratende Service weder sprachlich noch fachlich an den Gast weitergeben kann, was der Küchenchef, der Restaurantleiter oder der Inhaber des Unternehmens so wohlmeinend für die Speisekarte kreiert und formuliert haben.

Harmonie 4: Heimat ist Botschaft

Ein gastronomischer Betrieb ist in der Regel seiner Heimat, seinem Standort und der Herkunft seines Inhabers verpflichtet. Ausnahmen sind die, die sich überregionalen Kücheninteressen verschrieben haben, die ausdrücklich globale Küchenrichtungen wie französisch, italienisch oder deutsch auf ihre Fahnen (und

Speisekarten) geschrieben haben und dafür rote Varta-Kochmützen erstreben oder Michelin-Sterne vom kulinarischen Himmel holen wollen.

Harmonie heißt in den meisten Betrieben, daß man auch standortbezogene Spezialitäten zu kochen und anzubieten versteht. Schließlich sucht der Gast in einem Restaurant der Freien und Hansestadt Hamburg — Ausnahmen bestätigen die Regel — keine schwäbischen Maultaschen, sondern möchte viel eher eine echte „Hamburger Aalsuppe" oder zumindest „Scholle nach Finkenwerder Art" probieren.

Ein „Schlesisches Himmelreich" oder ein „Rheinischer Sauerbraten" passen dafür genauso wenig ins oberbayrische Bad Reichenhall. Kulinarische Heimatbotschaft sollte hier eine heiße Leberknödelsuppe bleiben wie ein deftiger Schweinsbraten mit Knödeln und einer „anständigen" (zumindest halben) Maß Bier vom örtlichen Bürgerbräu-Stammhaus.

Und wer spätestens in Münster keinen Hunger auf einen echten „Pfeffer-Potthast" und ein westfälisches Pils-Bier verspürt, der wird sich sicherlich auf Mallorca wohlfühlen, wo Brühwürstchen, Kotelett mit Kartoffelsalat, Schweineschnitzel mit Pommes frites und „Sauerbraten à la Wanne-Eickel" jeder — zugegeben touristisch angemachten — „Paella" erfolgreich Konkurrenz bieten.

Heimat ist Küchen- und Speisekarten-Botschaft, will man Charakter, Können und glaubwürdige Qualität zeigen.

Harmonie 5: Angebot ist Zielgruppe

Einen gastronomischen Betrieb plant man nicht ins Blaue. Ein vernünftiger Wirt hat klare Vorstellungen von seinem künftigen Geschäft, er hat sich über seine Zielgruppe (Gäste) informiert, hat Standort- und Strukturanalyse vorliegen und weiß, wie er seine Kunden ansprechen muß.

Wer seine Zielgruppe kennt, wird auch mit ihr in Harmonie leben (und an ihr verdienen) können. So wird kaum jemand in einem ländlich-strukturierten Gebiet ausschließlich Nouvelle Cuisine anbieten, eher dazu neigen, regionale Menüs und Speise-Favoriten mit eigenständigem Pfiff anzubieten. Kein Gast läßt sich gerne überfordern, auch wenn er bereit ist, etwas dazuzulernen.

Andererseits wird ein Großstadt-Restaurateur seine Speisekarte dann nicht durch „Jägerschnitzel mit Paprikasoße" schmücken wollen, wenn er von seinen Gästen weiß, daß sie mit relativ guter Zunge und entsprechend vernünftigen Speisen ausgestattet sind. Bei ihnen kann er durch Ideen und dauerhaft überzeugende Leistung Gewinne machen.

Jedes Restaurant, das der Zielgruppe seiner Gäste entspricht, notiert sehr schnell diese Vorteile: Immer mehr Stammgäste — und damit ein regelmäßiges Einkommen. Außerdem Bestellungen, die sich weniger an der Speisekarte orientieren, sondern vielmehr ad hoc durch die Beratung der Restaurant-Mitarbeiter zustandekommen. Sie festigen — wenn die versprochene Qualität stimmt — den

Zusammenhalt zwischen Gast und Wirt — und damit den kalkulierbaren monatlichen Umsatz eines Unternehmens, das es sich zum Ziel gesetzt hat, mit einer Dienstleistung Geld zu verdienen, die zu den schwierigsten und anspruchvollsten auf dieser Welt zählt.

Wer sich an diese fünf Harmonien für Speise- und Getränkekarten hält, hat schon für eine solide Basis in der Kommunikation mit seinen Gästen gesorgt. Doch gilt es bei der Gestaltung der Karte an eine Fülle weiterer Feinheiten zu denken, soll sie eine wirklich wirksame Verkaufshilfe werden.

Der Inhalt
und die Aussagen

Klasse statt Masse

Wer glaubt, seine Gäste mit Masse überzeugen zu müssen, und aus der Speisekarte ein 180 Gerichte-Lexikon macht, wird jedem Gast, der nur ein bißchen von Küche und Gastronomie versteht, verdächtig. Was wird bei dieser Menge wohl noch frisch und wohlschmeckend zubereitet?

Gegrilltes und Flambiertes

031   **SCHWEINERÜCKENSTEAK NACH MÄRKISCHER ART**
mit Apfel-, Zwiebel- und
Schinkenstreifen, Teltower
Rübchen, Robert-Soße, Herzogin-
kartoffeln und einer Schale
gartenfrischer Salate   DM 21,50

032   **GRILLTELLER NACH PANKGRAFEN ART**
mit Kalbs-, Rinder und
Schweinefilet, magerem Speck,
Grillwürstchen, Bohnen,
Maiskolben, Grilltomate,
Kräuterkartoffeln   DM 24,50

033   **KALBSRÜCKENSTEAK »ALSTERSTUBEN«**
mit pochiertem Ei, holländische
Soße, Artischockenherzen
und Herzoginkartoffeln   DM 29,50

034   **FILETSPITZEN NACH PETERSBURGER ART**
mit Mischpilzen, Schinken- und
Gurkenwürfeln, Rote Beete,
Kresse und Reis, dazu eine Schale
gartenfrischer Salate   DM 29,80

Regel 1: Haben Sie den Mut zur Lücke und ersparen Sie dem Gast die Qual der Wahl. Konzentrieren Sie Ihre Kräfte auf ein sinnvolles Angebot, mit dem Sie die Frische der Ware, eine wirtschaftliche Küchenleistung und die Gaumenfreude sichern können.

Ordnung ist das halbe Leben

Ein Kunde, der in einer Speisekarte hin und her blättern muß, um endlich die Suppen zu finden, wird schnell mürrisch. Ihm geht es wie der Hausfrau in einem Supermarkt, der nicht klar nach Warengruppen geordnet ist und in dem nicht deutlich auf die Angebote hingewiesen wird. Sie sucht sich das Geschäft, in dem solche Voraussetzungen einer wirksamen Verkaufshilfe erfüllt werden — und sie nimmt dafür nicht selten sogar längere Wege in Kauf.

Regel 2: Ordnen Sie die Karte übersichtlich und leicht auffindbar nach Angebotsgruppen in der klassischen Speisefolge. Sie können dies konventionell durch Überschriften wie ,,Kalte Vorspeisen, Suppen, Warme Vorspeisen ..." formulie-

ren, Sie können dies aber auch unkonventioneller etwa so tun: „Kleine kalte Köstlichkeiten zum Auftakt" und „Suppen, die man gerne auslöffelt", „Frisch aus Neptuns Garten" und „Halali, die Jagd hat begonnen", um nur einige Beispiele zu nennen.

Besonderes auf besondere Plätze

Noch einmal der Supermarkt: Die Artikel, die besonders schnell und gut verkauft werden sollen, haben in der Regel einen prominenten Platz: Sie stehen in Augenhöhe, der Kunde muß sich nicht nach ihnen bücken, sie sind nicht selten als besondere Angebote gekennzeichnet. Und wie ist das in der Gastronomie? Wie oft fragen Gäste die Bedienung, was ist denn die Spezialität der Küche, was wird denn heute empfohlen?

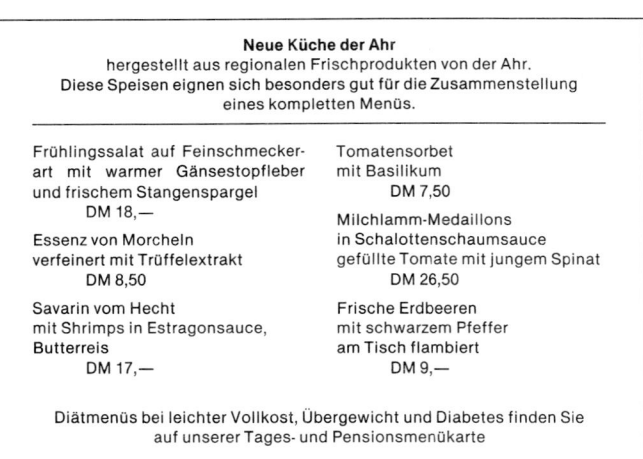

Neue Küche der Ahr
hergestellt aus regionalen Frischprodukten von der Ahr.
Diese Speisen eignen sich besonders gut für die Zusammenstellung
eines kompletten Menüs.

Frühlingssalat auf Feinschmeckerart mit warmer Gänsestopfleber und frischem Stangenspargel
DM 18,—

Essenz von Morcheln
verfeinert mit Trüffelextrakt
DM 8,50

Savarin vom Hecht
mit Shrimps in Estragonsauce,
Butterreis
DM 17,—

Tomatensorbet
mit Basilikum
DM 7,50

Milchlamm-Medaillons
in Schalottenschaumsauce
gefüllte Tomate mit jungem Spinat
DM 26,50

Frische Erdbeeren
mit schwarzem Pfeffer
am Tisch flambiert
DM 9,—

Diätmenüs bei leichter Vollkost, Übergewicht und Diabetes finden Sie
auf unserer Tages- und Pensionsmenükarte

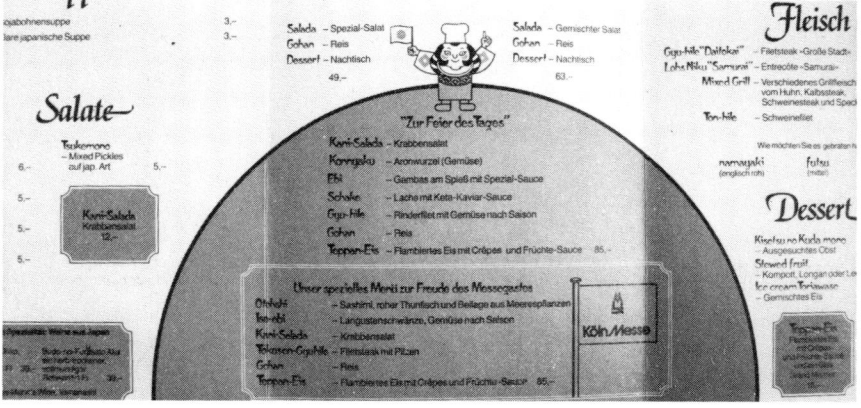

Regel 3: Räumen Sie tagesfrischen Angeboten, wechselnden Menüs für mittags und abends, Ihren Restaurant-Spezialitäten feste und prominente Plätze auf der Speisekarte ein. Das gilt auch für zusätzliche Leistungen, die Sie speziell für Kinder, Diabetiker, eilige Gäste, Autofahrer und andere erbringen. Und wenn auf der Speisekarte kein Platz sein sollte, so gibt es andere Möglichkeiten, um das Besondere entsprechend herauszustellen: durch einen Tischaufsteller, durch ein attraktives Blatt, das der Speisekarte bei- oder obenaufgelegt wird, durch eine Schiefertafel im Restaurant, die das Angebot zusätzlich vermittelt.

Mehr sein als scheinen

Ganze Heerscharen von Psychologen und Beratern haben schon davor gewarnt, sich durch Angeberei Kunden zu vergraulen und Schwellenängste aufzubauen. Und dennoch werden diese Warnungen immer wieder in den Wind geschlagen. „Mehr scheinen als sein" heißt leider allzuoft die falsche Verkaufsdevise. So geht mancher Verbraucher nicht in eine hochvornehme Parfümerie, weil er sich nicht traut, die superedel geschminkte und so unnahbar scheinende Verkäuferin nach einer einfachen Kernseife zu fragen. Ganz arg wird es gar, wenn er mal einen Artikel kennenlernen möchte, der nur in englischer oder französischer Sprache angeboten wird, der Konsument aber die Aussprache und die Bedeutung der Bezeichnung nicht kennt. Sind ähnliche Schwellenängste — und damit Kaufhemmnisse — nicht auch in der Gastronomie zu beobachten? Was macht der Gast, wenn ihm auf der Speisekarte „Brochettes" oder „Aiguillettes" angeboten werden, und er nicht den Mut hat, zu fragen? Sicher, ein guter Service erahnt das Fragezeichen in seinem Gast und hilft ihm mit „Spießchen" und „Fleischstreifen" erklärend weiter, doch muß so viel Distanz zum Gast überhaupt erst aufgebaut werden?

Iroli-Menü
"Zur Feier des Tages"

Sake

Aperitif

Otohshi

Vorspeise nach Jahreszeiten
aus Meeresfrüchten, oder
am Spießchen vom Huhn, oder
aus Gemüsen, gebraten und gekocht.

On yasai

Verschiedene Gemüse, gebraten mit
wenig Salatöl und wenig Butter,
gewürzt mit Salz (shio), Pfeffer
(koscho), Glutamat (Agi no moto),
Sesamkörnern (Goma)
und Weißwein (Shilo-Budo-shu).

Sakana-Toriawase oder Gyo kai lui

Verschiedene Meeresfrüchte, wie
Heilbutt (Ohiyo), Scampi (Ebi),
Tintenfisch (Ika), Jakobsmuscheln
(hotate gai).
Zur feinen Abstimmung werden
häufig ein wenig Knoblauch und
Sojasauce verwendet.

Gyu hire oder Hire Niku

Zartes Filet vom Rind, gebraten mit
Pfeffer und Salz, Glutamat, ein wenig
Öl und Butter.
Wie möchten Sie es gebraten haben?

na mayaki (englisch roh)

futsu (medium)

yokuyaki (durchgebraten)

Wünschen Sie Knoblauch-Würze?

Nama Yasai oder Salada

Gemischter Salat, Gurken, Kopfsalat,
Tomaten, spezielles japanisches
Dressing.

Gohan

Reis — Sie erhalten ihn in kleinen
Schalen, immer frisch zubereitet und
können ihn jederzeit nachfordern.

Oshinko

Japanische Mixed Pickles,
Salzgurken, Rettich, roter Ingwer,
Karotten, Kohlrabi, Auberginen,
Japan-Kohl (nach der Jahreszeit
zusammengestellt).

Dessert

Nachtisch, meist Obst (longan) oder
auch Pudding (pudding).

DM 36,—

Regel 4: Schlagen Sie eine Brücke zwischen Gast und Gastronomie, und schreiben Sie ihm in seiner Sprache in die Speisekarte, was sich hinter bestimmten Küchen- und Menübegriffen verbirgt — auch wenn Sie Ihrer Meinung nach zum Repertoire eines guten Gastes zählen sollten. Lassen Sie ihn nicht von oben herab fühlen, was Sie alles können, sondern zeigen Sie ihm, welche Freude es Ihnen macht, ihm behilflich zu sein. Wenn Sie häufiger internationale Gäste haben, sollte Ihre Karte mehrsprachig abgefaßt sein. Oder Sie halten Karten in speziellen Landessprachen bereit.

Kleiner Tip: Um Ihrem Service den Griff nach der richtigen Sprache zu erleichtern, hilft zum Beispiel ein Farbwechsel bei der Kordel oder der Schrift auf der Titelseite der Speisekarte.

Ausnahmen bestätigen wie immer die Regel: Es gibt ganz wenige kulinarische Tempel, die es sich aus Imagegründen leisten können, Speisekarten bewußt in einer Fremdsprache abzufassen.

Ein treffendes Wort zur rechten Zeit

Ein ganzer Wirtschaftszweig, der jährlich Milliarden umsetzt, tüftelt Tag für Tag an Aussagen, an Slogans, an Argumenten, mit denen das Interesse von Verbrauchern auf bestimmte Produkte gelenkt werden soll. Von ihnen wurde der „gute Stern auf allen Straßen" genauso entdeckt wie das Bier, das ursprünglich vom werblichen Spruch „löscht Männerdurst" begleitet wurde und dem später die Abwandlung in „Kennerdurst" folgte.

Man sehe sich einmal die Speisekarten landauf landab an, ob auch hier die Ware der Wirte ähnlich werblich (und unverwechselbar) angeboten wird. Warum zum Beispiel heißt es nur „Schweinehaxe mit Röstkartoffeln und Sauerkraut"? Warum nicht so: „Knusprig-saftige Haxe vom Schwein, dazu Bratkartoffeln wie sie nur unsere Oma kann und eine herzhaft saure Portion Kraut". Oder warum einfach nur Spätzle, wenn sie doch „handgeschabt" sind? Man kann den Rehschinken schmucklos lassen, er verkauft sich aber besser, wenn er „hausgeräuchert" ist. Und was ist mit all den frischen, ja oft tagesfrischen Beilagen? Warum steht da nicht geschrieben: „Heute morgen auf dem Markt eingekauft." Oder „frischer Spargel, frische Pfifferlinge, fangfrische Forellen" und vieles andere mehr.

Regel 5: Geben Sie den Produkten beschreibende Beifügungen, die der Wahrheit entsprechen und die den Gast schon beim Lesen der Speisekarte verführen und seine Freude auf das Essen steigern.

Die Strafe folgt manchmal auf dem Fuße

Wer einmal die Illustrierten durchblättert und dabei auf die großformatigen Farbanzeigen einiger Automobilhersteller stößt, wird manchmal auf den ersten Blick staunen, für wie verhältnismäßig wenig Geld er das abgebildete Auto kaufen kann. Halt, sehen Sie bitte genauer hin! Der geringe Preis bezieht sich auf das gar nicht abgebildete Grundmodell. Mit dem zweiten Blick entdecken Sie den klein gedruckten Zusatz: Unser Foto zeigt das Modell GSE 500 i. Der Gesetzgeber hat diesen Zusatz vorgeschrieben, damit der Verbraucher nicht getäuscht wird.

In der Regel sind es weniger bewußte Täuschungsversuche als vielmehr Unkenntnis, die schon so manchen Gastronomen über die Ordnungsbehörde und unter Androhung empfindlicher Geldstrafen gezwungen haben, teure Speise- und Getränkekarten in den Papierkorb zu werfen und neue drucken zu lassen. Unkenntnis über gesetzgeberische Vorschriften: Da wird der Hinweis auf den Inklusivpreis (mit Bedienung und Mehrwertsteuer) vergessen, da wird ein „Hummer je nach Größe" ohne Rücksicht auf die Preisangaben-Verordnung (§ 1, Abs. 1) präsentiert, da wird mit dem „Kamillentee gegen Grippe" munter gegen die Diät-Verordnung (§ 2, Abs. 1, Ziffer 2) verstoßen.

Ein anderer bietet „Cola nur in Verbindung mit einem Weinbrand 5,— DM" an und gerät mit § 20, Nr. 4 des Gaststättengesetzes in Konflikt, das eindeutig eine solche Koppelung verbietet. Da steht ein „Glas Mineralwasser" in der Karte und damit ist der Verstoß gegen die Tafelwässer-Verordnung perfekt. Die schreibt vor, daß Mineralwasser nur als Originalgebinde auf den Tisch gebracht werden darf, wer nur ein Glas anbietet, muß in der Karte unter „Tafelwasser" firmieren.

Regel 6: Prüfen Sie Ihre Angebotsformulierungen auf Preisklarheit und Preiswahrheit, und beachten Sie sorgfältig die gesetzgeberischen Vorschriften. Wenn Sie sich selbst nicht sicher fühlen, oder Sie mit Gesetzesformulierungen nicht klar kommen, dann lassen Sie sich von einem Berufsverband oder einem Anwalt beraten. Die Kosten hierfür sind weitaus geringer als der Ärger mit Behörden, die Ordnungsstrafen und der fällige Neudruck Ihrer Karten.

Es lebe der Unterschied!

Ein Markt lebt von der Vielfalt seiner Angebote. Der kleine wie der große Markt. Der Verbraucher sucht Auswahlmöglichkeiten in dieser Vielfalt, schließlich ist er ein Individuum mit ganz persönlichen Ansprüchen und Wünschen.

Wenn in einer Einkaufsstraße fünf oder sechs Textilladen-Inhaber den gleichen Geschmack haben, folglich auf den großen Modemessen beim selben Hersteller ordern, später die gleiche Ware zu etwa vergleichbaren Preisen in die Schaufenster bringen, dann ist es nur eine Frage der Zeit, wann mindestens drei von den fünf Händlern entweder ihr Programm ändern oder den traurigen Weg zum Konkursrichter antreten.

Wenn in einem relativ kleinen Stadtteil schon vier Gasthäuser oder Restaurants dasselbe Standardprogramm mit kaum differierenden Preisen auf der Speisekarte führen und sich allenfalls noch durch die Biere unterscheiden, wird ein vernünftiger fünfter Gastwirt seinen Erfolg im Unterschied zum Angebot der anderen suchen.

Das fängt bei der Gestaltung des gastlichen Hauses an, setzt sich über die Küchenrichtung fort und wird auch nach außen sehr deutlich durch die andere Speisekarte, die unbedingt eine Alternative zum Angebot rundrum sein sollte.

Regel 7: Studieren Sie Ihre Mitbewerber in der nahen und näheren Nachbarschaft und geben Sie Ihrem Unternehmen ein eigenes Gesicht mit einem unverwechselbaren Angebot. Die Konsumenten ihres Einzugsbereichs werden dankbar für die neue Vielfalt sein, die Sie über die Speisekarte und den Aushangkasten an der Hausfassade öffentlich machen. Vergessen Sie dabei auch nicht die Chance, sich durch „halbe Portionen" vom Mitbewerb zu unterscheiden.

Leistung bestimmt den Preis

Wer einen Urlaub in Japan inklusive Top-Hotels und Erster-Klasse-Fahrten mit den Hochgeschwindigkeitszügen des Landes bucht, wird ohne zu murren mehr zahlen als der, der sich für vier Sterne auf Mallorca per Charterjet entschieden hat.

Wer einen Gasthof mit blankgescheuerten Tischen, rauchgeschwängerter Luft, Zecherlärm und Skatbrüdern am Nachbartisch betritt, erwartet vernünftige Bierpreise, Handschnittchen, Krüstchen-Gulasch, Haxen und keine Jakobsmuscheln oder Entenbrust in Scheiben auf frischem Feldsalat. Das erwartet er dann, wenn die Tische fein weiß eingedeckt sind, der Service im dunklen Anzug oder der langen weißen Schürze antritt und mit sachverständig-eleganten Bewegungen auf teurem Porzellan gepaart mit anderem Aufwand das serviert, was es an Köstlichkeiten für Augen, Nase, Zunge und den Gaumen- und Rachenraum gibt.

Wenn die Leistung für den Gast nachvollziehbar ist, zahlt er auch den entsprechenden Preis. Eine teurere Leistung sollte aber schon auf der Speisekarte begründet sein, damit der Gast gar nicht erst ins Grübeln oder Rätselraten über die Kalkulation gerät und möglicherweise verstimmt ist, bevor er den ersten Bissen genießen kann.

Regel 8: Eine besondere Leistung hat ihren Preis, den Sie schon auf der Speisekarte verständlich machen sollten. Nutzen Sie die Möglichkeiten der Sprache durch erläuternde Nebensätze auf der Speisekarte über Herkunft der Rohstoffe, Verarbeitungsmethoden und klangvolle Namen, den Preis zu begründen. Vergessen Sie dabei aber nie, daß schöne Worte fehlende Leistung nicht ersetzen können.

Roß und Reiter nennen

Ein Auto hat ein Markensymbol und einen Namen, hat Pferdestärken, einen Hersteller, einen Herkunftsort mit Anschrift, mit Telefonnummer, Fernschreiber und anderen Daten der modernen Kommunikationsmöglichkeiten. Ein Auto wird Ihnen aber auch von einer bestimmten Person bei einem bekannten Händler verkauft. Sie kennen die Namen, die Daten und die Vertragsfakten.

Wo liegt denn da der Unterschied zur Gastronomie? Der Prospekt, mit dem um den Kauf eines bestimmten Autos geworben wird, ist vergleichbar mit der Karte eines gastronomischen Betriebes. Schließlich will man wissen, welchen Namen das Haus trägt, wo es ist, wie man es erreichen kann, wer der Inhaber ist, wie der Koch heißt, was das Haus zu bieten hat und wann es geöffnet ist.

Regel 9: Eine durchdachte Speisekarte beantwortet die berühmten sechs ,,W", die übrigens jeder Journalist in seinen ersten Redaktionstagen eingebläut bekommt: Wer, was, wann, wo, wie und weshalb?

Wer: Das Zeichen und der Name des Restaurants, der Name des Inhabers und des Küchenchefs.

Was: Das Speisekarten-Angebot und zu welchem Preis.

Wann: Die Öffnungszeiten, bitte, den Ruhetag nicht vergessen.

Wo: Postleitzahl, Stadt/Kommune, Postleitgebiet, Stadtteil, Straße, Telefon, Telex, Telefax, Btx und andere Kommunikationsmöglichkeiten, die derzeit aufgebaut werden.

Wie: Art und Richtung der Küche, Preisgestaltung.

Weshalb: Weil der Gastwirt meint, einer bestimmten Zielgruppe von Gästen ein vernünftiges und richtiges Angebot zu machen — und er schließlich zum Erhalt seiner selbst und von Arbeitsplätzen sein Geld verdienen muß (und will).

Fehler macht man immer wieder

Erinnern Sie sich an Ihre Schulzeit! Wenn es die Klassenarbeiten zurückgab, strotzte manche (die vom Bank-Nachbarn natürlich) vor roter Tinte. Der Lehrer hatte mal wieder gewirbelt.

Wie ein Lehrer muß sich auch mancher Gast fühlen, wenn ihm das Rumpsteak ohne ,,p" angeboten wird, obwohl es mit Rum rein gar nichts zu tun hat, oder die leckere Portion Tatar mit einem ,,r" zuviel geschrieben steht, und aus dem Cordon bleu ein ,,Gorden blöh" geworden ist, das mehr mit Lautschrift als mit Rechtschreibung zu tun hat. Da kann einem wirklich der Appetit vergehen!

Regel 10: Bevor Sie Ihrem Gast ein geschriebenes oder gedrucktes Angebot unterbreiten, lesen Sie bitte sorgfältig Korrektur. Zu jedem gastlichen Betrieb sollte neben dem Duden auch ein gastronomisches Lexikon gehören, in dem die richtigen Schreibweisen von Fachbegriffen und prominenten Menüs enthalten sind.

Das Format und die Gestaltung

Jeder wichtige Artikel, der neu auf den Markt gebracht werden soll, beschäftigt Monate und nicht selten Jahre zuvor Fachleute aus vielen Branchen, ehe er tatsächlich öffentlich wird. Das hat gute Gründe. Zum einen wird erforscht, ob für das geplante neue Produkt überhaupt Bedarf besteht (ist dafür ein Markt vorhanden?), die Qualitäten des Produkts werden bestimmt und oft mehrfach verbessert, zum anderen wird dem Produkt ein Gesicht verliehen (Verpackung, Design), das wiederum bestimmt, welche Maschinen und Formen zu seiner Herstellung nötig sind. Es geschieht noch eine Menge mehr, ehe der Artikel eingeführt wird. Er geht in den Test. In sogenannten Testmärkten wird seine Aufnahme beim Konsumenten ermittelt, wird geprüft, welche Werbung beim Verbraucher ankommt. Erst dann fällt zum Beispiel ein Firmenmanagement die Entscheidung: Jetzt stellen wir unser Produkt national oder sogar international vor.

Auch die Speisekarte ist wie ein Produkt, von dem eine wichtige Verkaufsbotschaft ausgeht, zu behandeln. Zwar muß mit ihr nicht jener Testaufwand betrieben werden, mit dem etwa ein Auto in den Markt eingeführt wird, doch wer sich als Wirt ein wenig an den Gepflogenheiten großer Markenartikler orientiert, bewegt sich sicherer im Markt und kann dabei nur gewinnen.

Kleider machen Leute

Wer einen Rolls Royce anzubieten hat, wird dies sicherlich nicht mit billig fotokopierten Bildchen und Textbeschreibungen tun, sondern dem Image und dem Preis dieser Nobelkarosse gemäß eine besonders edle Basis für alle verkaufsfördernden Maßnahmen wählen.

Wer eine Speisekarte für ein exquisites Haus, in dem die Großen aus Wirtschaft, Wissenschaft, Kultur und Politik verkehren, entwirft, wird sich nicht auf die Plastikmappen stürzen, die ihm von manchen Getränkehändlern oder Brauereien angeboten werden. Die sind schon eher etwas für Curry-Buden oder Wartesäle zweiter Klasse.

Es soll ja schon vorgekommen sein, daß jemand in Jeans auf einem Galaabend in der Oper auftauchte und damit Kopfschütteln und Naserümpfen erntete.

Ähnlich wird es Gästen eines Restaurants gehen, das vielleicht ,,Alt-Berlin" oder ,,Kaiserin Sissi" heißt und sein Angebot in Schreibmaschinen-Schrift und miserablen Kopien in billigen Plastikstecktaschen unterbreitet.

Regel 1: Die inneren Werte eines gastronomischen Unternehmens sollten sich auch außen zeigen. Beraten Sie am besten im Team über die Art und Form der Selbstdarstellung, die Sie mit Ihrer Speisekarte vornehmen wollen. Eine Speisekarte ist stets ein wichtiges Stückchen Identität eines gastronomischen Betriebes.

Der Satz „Kleider machen Leute" hat auch für Werbung in eigener Sache seine Berechtigung. Denken Sie dabei auch über getrennte Karten für mittags und abends nach, und versuchen Sie möglichst nicht, andere nachzuahmen, sondern sich etwas Eigenständiges — ein unverwechselbares Bild — zu geben.

Mode dauert immer nur einen Sommer

Jede Frau kalkuliert es, viele Männer können es bestätigen: Ein neues Kleid, das Make up, neuerdings auch Krawatten und Herrenanzüge sind nur eine kurze Saison aktuell.

Wie steht es mit den Angeboten in der Gastronomie? Wie lange sollen Menüs im Angebot bleiben, wie stabil sind die Preise? Wie hoch ist maximal die Zahl der Gäste, denen man gleichzeitig eine Speisekarte vorlegen muß? Wie schnell ist der Kartenverschleiß und wieviele Karten werden an Gäste verschenkt oder von ihnen mitgenommen?

Die Kosten für ein neues Kleid halten meist nicht dem Vergleich mit dem Aufwand für eine neue Speisekarte stand. Doch mancher Wirt entscheidet über die Speisekarte genauso locker, als ob er sich gerade für ein neues Hemd begeistert hätte.

Regel 2: Klären Sie mit Ihren Mitarbeitern und Kollegen alle Fragen, die für Inhalt und Auflage einer Speisekarte wichtig sind. So erarbeiten Sie von Anfang an wichtige Kriterien, die Form, Format, Gestaltung und Umfang Ihrer Speisekarte mitbestimmen. Möglicherweise werden Sie sich für einen Umschlag entscheiden, den Sie immer wieder zum aktualisierten Inhalt verwenden können. Die Zeit, die Sie sich vorher zum Nachdenken nehmen, sparen Sie später auch an Kosten bei der Herstellung Ihrer Karte wieder ein.

Wer küßt schon gerne spröde Lippen?

Jeder Mensch hat Empfindungen, die sein Gehirn über Sensoren registriert und in Handlungen umsetzt. So sieht man, so riecht man, so fühlt man. Lippen und Hände sind ausgesprochen empfindliche menschliche Fühler. Wer küßt schon gerne spröde Lippen oder streichelt eine rauhe Haut, die mehr an einen Igel denn an einen Menschen erinnert?

Jeder Gast, der eine Speisekarte in die Hand nimmt, fühlt und registriert deren Oberfläche. Sein Gehirn bildet sich sofort ein Urteil, das in der Bandbreite von „igitt" bis „wundervoll" reichen kann. Ein Urteil, das die Entscheidung für eine Bestellung wesentlich beeinflußt.

Regel 3: Für die Küche ist selbstverständlich, daß der Gast mit den Augen, mit der Nase und mit dem Gaumen zufriedengestellt wird. So selbstverständlich muß für Sie auch die kritische Auswahl des Papiers und des Einbands für Ihre Speisekarte sein. Erfühlen Sie zur Probe Papier und andere Materialien, ehe Sie sich entscheiden. Nicht selten ist auch ein Geruchstest angebracht.

Das Chamäleon will sich verstecken

Die Natur hat zahllose Beispiele parat: Tiere verändern ihr Äußeres, passen sich der Umgebung an, um sich vor ihren Feinden zu verstecken.

Gastfeindliches hält so mancher Gastwirt unbeabsichtigt mit seinen Karten bereit, wenn er nicht gerade eine obskure Bar führt, deren oberstes Ziel ganz bewußt ist, den Eingekehrten auszunehmen.

Die Tücken liegen nicht selten in der Schrift — und vor allem in der Farbgestaltung von Speisekarten.

Regel 4: Farbiges Papier, farbige Schrift und Schriftgrößen wirken bei normalem Tageslicht in der Regel anders, als wenn sie bei Kunstlicht (von der normalen Glühbirne bis zum Neonlicht) betrachtet werden. Machen Sie unbedingt den Lichttest für Ihre künftige Speisekarte zu unterschiedlichen Tageszeiten am Einsatzort. Achten Sie dabei auch darauf, daß Reflektionen von der Speisekarte Ihre Gäste nicht bleich und krank im Gesicht erscheinen lassen (Vorsicht vor allem bei Grün!) und daß sich die Schrift sowohl mit dem Untergrund verträgt als auch groß genug ist und nicht gleich eine Brille erfordert.

Den Ellbogen in der Rippe und das Glas kippt um

Jeder kennt die Empfänge und gastlichen Essen, zu denen mindestens ein Tischnachbar neben breiten Schultern auch noch mit ausgewinkelten Armen beim handwerklichen Tun mit Messer, Gabel und Löffel die Speisen zum Mund hebelt. Da bleibt einem bescheidene Enge und der Vortritt für das ausufernde Nebenan, will man sich nicht peinlich beschlabbern.

Ähnliches verursacht ein Gastwirt, der lokale Größe oder eingebildete Qualität mit gigantischen Ausmaßen für seine Speisekarte verwechselt. Da klappt die aufgeschlagene Karte das Glas des Nachbarn vom Tisch, da versteckt sich ein Gast vor dem anderen, als ob er sich am Frühstückstisch per Tageszeitumg um die Konversation mit der Ehefrau drücken müßte. Da wird die Speisekarte, die doch eigentlich freundlich stimmen und helfen sollte, etwas zu verkaufen, aufgebaut wie die Hindernisse zu einem 110-Meter-Hürdenlauf.

Regel 5: Das Format Ihrer Speisekarte wird nicht nur vom Umfang Ihres Angebots bestimmt. Nehmen Sie bitte auch Rücksicht auf die Sitzplatznähe und auf die Tischnachbarn. Das kundenfreundliche „Handling" (Benutzbarkeit) ist ein Teil der Höflichkeiten und Rücksichten, die eine gute Gastlichkeit kennzeichnen.

Nur Forscher können die alten Schriften lesen

Es hat lange gedauert, bis Altertumsforscher die Bildsymbole der alten Ägypter deuten und lesen konnten. Ganze Generationen haben sich daran versucht.

So viel Zeit und Ausdauer hat natürlich kein Gast, wenn er in der Speisekarte blättert. Doch manchmal braucht er graphologisches Wissen, um sich durchzufinden, denn handgeschriebene Karten können genauso zur Qual werden wie Speisekarten, die mit der gesamten Bandbreite maschinell gesetzter Schriften dekoriert sind.

Regel 6: Verwenden Sie nur Handschriften, wenn sie deutlich lesbar sind und mit dem Ambiente Ihres Unternehmens harmonieren. Ehe Sie selbst zu Tusche und Feder greifen, engagieren Sie lieber einen professionellen Schriften-Grafiker.

Nicht so:

Tatar von frischen Rindfleisch 16,50 Dm
Tatar vom frischen Rindfleisch 16,50 DM
Tatar von frischem Rindfleisch 16,50 DM
Tatar vom frischen Rindfleisch 16,50 DM

Lieber so:

Tatar vom frischen Rindfleisch ...... *16,50 DM*

So selbstverständlich Sie in der heutigen Zeit keine Sütterlin-Schrift mehr verwenden, weil die Generation fast ausgestorben ist, die diese Handschrift noch lesen kann, so sollten Sie auch nicht mehr als nötig in dem Schriften-Topf rühren, den die Satz- und Druckindustrie anbietet.

Regel 7: Wählen Sie leicht lesbare, zeitgemäße und handelsübliche Schriften, um Ihr Angebot klar und deutlich zu formulieren und um Kosten zu sparen. Mischen Sie allenfalls zwei oder höchstens drei Schrift-Charaktere miteinander, damit Ihre Karte leserlich bleibt und ein harmonisches Bild ausstrahlt. Nehmen Sie ein Schriftmusterbuch (vom Grafiker, Drucker, Satzanstalt) zur Hand und lassen Sie sich bei der Auswahl der Satzschriften davon leiten, welche dem Charakter Ihres Hauses entsprechen und welche Schriften sich untereinander optisch vertragen.

Wählen Sie leicht lesbare, zeitgemäße und handelsübliche Schriften, um Ihr Angebot

Wählen Sie leicht lesbare, zeitgemäße und handelsübliche Schriften,

Wählen Sie leicht lesbare, zeitgemäße und handelsübliche

Wählen Sie leicht lesbare, zeitgemäße und

Wählen Sie leicht lesbare, zeitgem

Wählen Sie leicht lesbare, zeitgemäße und handelsübliche Schriften, um Ih

Wählen Sie leicht lesbare, zeitgemäße und handelsübliche Schriften, um

Wählen Sie leicht lesbare, zeitgemäße und handelsübliche Schriften,

Wählen Sie leicht lesbare, zeitgemäße und handelsübliche Schrifte

Wählen Sie leicht lesbare, zeitgemäße und handelsübliche Schriften

---

Darüber hinaus gibt es bestimmte optische Prinzipien zur Verwendung von Schriften, die bei jeder ausgewogenen Gestaltung einer Speisekarte berücksichtigt und durchgehalten werden sollten.

Regel 8: Berücksichtigen Sie für Ihre Karte ein grafisches/optisches Grundraster. Eine Orientierungshilfe ist dabei die klassische Angebotsfolge (Kalte Vorspeise, Suppen, Warme Vorspeise ...). Schriften werden nach grafischen Ordnungsprinzipien entweder konsequent rechts-, linksbündig oder mittig (Mittelachse/axial) aufgebaut.

Das ist linksbündig:

Schriften werden nach grafischen Ordnungsprinzipien entweder konsequent . . .

Das ist rechtsbündig:

Schriften werden nach grafischen Ordnungsprinzipien entweder konsequent . . .

Das ist mittig/axial:

Schriften werden nach grafischen Ordnungsprinzipien entweder konsequent . . .

Die Ordnungsprinzipien der Schriftgestaltung umfassen mehr. Sie fordern auch klare Größenangaben, die sich am Verwendungszweck einer Schrift orientieren.

Regel 9: Schriften werden nach Größengraden unterschieden — in Millimetern, in Punkt-Größen, in Cicero (Größenberechnung aus der Zeit, als Buchstaben noch aus einer Blei-Zinn-Legierung hergestellt wurden). Schriftstärke wird mit „mager", „halbfett" und „fett" bezeichnet. Achten Sie bei der Auswahl der Schriftgrößen darauf, daß Buchstaben gut zu lesen sind und daß Überschriften (wie zum Beispiel „Suppen") in einem größeren Schriftgrad erscheinen als etwa die darunter stehende „Hummerrahmsuppe" oder „Markklößchensuppe". Ein Hauptgericht wird man in der Regel „dicker" darstellen als die dazugehörigen Beilagen (halbfetter und magerer Schriftgrad).

Das ist mager:
Ein Hauptgericht wird man in der Regel „dicker" darstellen als die dazugehörigen

Das ist halbfett:
Ein Hauptgericht wird man in der Regel „dicker" darstellen als die dazuge

Das ist fett:
Ein Hauptgericht wird man in der Regel „dicker" darstellen als die da

Ein Bild ist nur so gut wie sein Autor

Einen echten Renoir möchte jeder an der Wand zu Hause hängen haben. Eine Speisekarte kann zwar auch ein Kunstwerk sein, doch soll sie nicht 50 oder 100 Jahre danach Gewinne bringen und verkaufen helfen, sondern jetzt.

Wer mag, kann deshalb die Leistungen von Küche und Keller zusätzlich auch fotografisch oder nur grafisch darstellen und anbieten. Fotos und Grafiken haben dokumentarischen Charakter. Man legt sich fest, ohne sicher zu sein, auch stets die dokumentierte Leistung erbringen zu können. Zudem zählen Food-Fotos und Grafiken zu den schwierigsten Aufgaben, die man sich zur Gestaltung der Speisekarte vornehmen kann.

So bitte nicht!

Regel 10: Fotografieren oder zeichnen Sie nicht selbst. Dafür gibt es Profis, die es allemal besser können als Sie. Seien Sie sich außerdem klar darüber, daß eine fotografische Darstellung Ihrer Leistung Bestandteil eines Vertrages wird,

den Sie über die Speisekarte mit dem Gast schließen. Das blendend fotografierte Menü ist für den Betrachter zwar eine Augenweide, für Sie aber auch eine Verpflichtung.

Noch einmal zusammengefaßt: Format und Gestaltung Ihrer Karte werden bestimmt vom Charakter Ihres Unternehmens, vom Anlaß (Mittag, Abend, Galadiner, Hochzeit, Jubiläum) und von Originalität, vom Umfang des Angebots und seiner zeitlichen Gültigkeit, von Fotos, Grafiken, grafischen Ordnungsprinzipien und

Schrift, von der Qualität des Papiers und des Einbands, von Farbe und Lichtverhältnissen am Einsatzort, vom Handling (innerbetrieblich und für den Gast), von der Auflage — und von Ihrem Portemonnaie.

Es sind so viele Faktoren zu berücksichtigen, daß den zehn Regeln noch eine elfte hinzugefügt werden muß: **Ziehen Sie Fachleute wie Grafiker, Werbeateliers oder Agenturen zu Rate.**

Die Herstellung und die Kosten

Sie haben sich zur Herstellung Ihrer Speise- oder Getränkekarte für die Zusammenarbeit mit Fachleuten (Grafiker, Agentur, Drucker) entschlossen. Da ist es ganz gut, wenn Sie nicht ganz so unprofessionell dem Fachmann gegenüber sitzen. Je mehr Sie wissen, desto mehr muß sich Ihr Gesprächspartner anstrengen. Das kann nur der Qualität dienen und die gemeinsame Sache fördern.

Am Anfang steht das Briefing

Zum ersten Informationsgespräch (dem Briefing) tragen Sie Ihrem künftigen Geschäftspartner nicht nur den Wunsch vor, eine Speisekarte machen zu wollen, sondern er braucht erheblich mehr Informationen. Er muß wissen, welchen Charakter Ihr Haus hat, welche Zielgruppen bei Ihnen verkehren, welche Ansprüche Ihre Gäste an Sie und Sie an Ihre Gäste stellen, welche Vorstellungen Sie von der künftigen Karte haben, in welchen ungefähren Größenordnungen Sie bei Auflage und Kosten denken. Und Sie sollten unbedingt ein Manuskript vorliegen haben.

Das Manuskript

Ihr Manuskript führt das Gesamtangebot Ihrer künftigen Karte und die dazugehörenden Preise auf. Bitte, liefern Sie es in Schreibmaschinenschrift ohne Fehler und mit fertigen Preisen. Fehler, die der Autor macht, nachträgliche Korrekturen, die der Autor wünscht, gehen als sogenannte Autorkorrekturen zu Lasten seines Geldbeutels. Deshalb — und um zügig abwickeln zu können — ist es wichtig, schon von Anfang an mit einem korrekten Manuskript zu arbeiten.

Das Angebot des Fachmanns

Diskussionen ums liebe Geld sind die unangenehmsten Gespräche, die nicht selten zur Verärgerung beider Seiten führen können und eine Arbeit unnötig behindern. Fordern Sie deshalb von Ihrem professionellen Berater/Grafiker ein Angebot, das klar umrissene erste Leistungen beinhaltet.

Eine Agenturstunde zur Erarbeitung von Idee und zur Beratung kostet, je nach Gesprächspartner, zwischen 100,— und 250,— DM.

Ein Grafiker wird zwischen 40,— und 90,— DM für die Stunde nehmen, je nach Stadt, Qualifikation und Aufwand, den der Grafiker treiben muß.

Nehmen Sie in ihre Überlegungen den Gedanken mit auf, eine Honorarpauschale zu vereinbaren. Manchmal fährt man damit günstiger.

Erst ein Scribble

Der erste für Sie sichtbare Arbeitsschritt wird ein Scribble sein. Eine Skizze also, in der die Überlegungen der Agentur oder des Grafikers grob fixiert sind. Sind Sie mit diesem Lösungsansatz einverstanden, folgt der nächste Schritt.

Das Layout

Der Layout-Vorschlag Ihres Beraters ist die erste verbindliche optische Umsetzung für Ihre künftige Karte. Im Layout sind die Flächen fixiert, die für Fotos oder Grafiken, für Überschriften (Headlines), für die normale Schrift (Brotschrift), für besondere Einfügungen (wie ,,Heute mittag" oder ,,Das besondere Dessert" oder andere Tagesaktualitäten) vorgesehen sind.

Das Layout sagt aus, ob Ihre Karte nun

einfarbig,

zweifarbig,

mehrfarbig,

vierfarbig oder noch farbiger

gestaltet werden sollte und gibt Ihnen einen genauen Anhaltspunkt über Größe und Umfang der Karte.

Das Layout ist gleichzeitig jene Vorlage, mit der Sie endgültig Klarheit über die Gesamtkosten bekommen, denn nach diesem In-etwa-Bild der künftigen Karte kann jetzt zuverlässig kalkuliert und der Umfang der noch zu erbringenden Leistungen bestimmt werden:

— Müssen Fotos gemacht werden?

— Werden Ornamente gebraucht?

— Muß ein Illustrator arbeiten?

— Sind eventuell Wappen zu zeichnen?

— Muß für das Unternehmen ein Markenzeichen entwickelt werden?

— Kann handelsübliche Schrift aus der Satzanstalt oder vom Drucker verwendet werden oder müssen bestimmte Überschriften vom Grafiker gezeichnet werden?

— Wieviele Stunden fallen bis zur Fertigstellung noch beim Grafiker/Agentur an?

— Welche Satzkosten entstehen?

— Mit welcher Summe muß beim Lithografen gerechnet werden?

— Was kosten Papier, Druck und Verarbeitung bei der gewünschten Auflage?

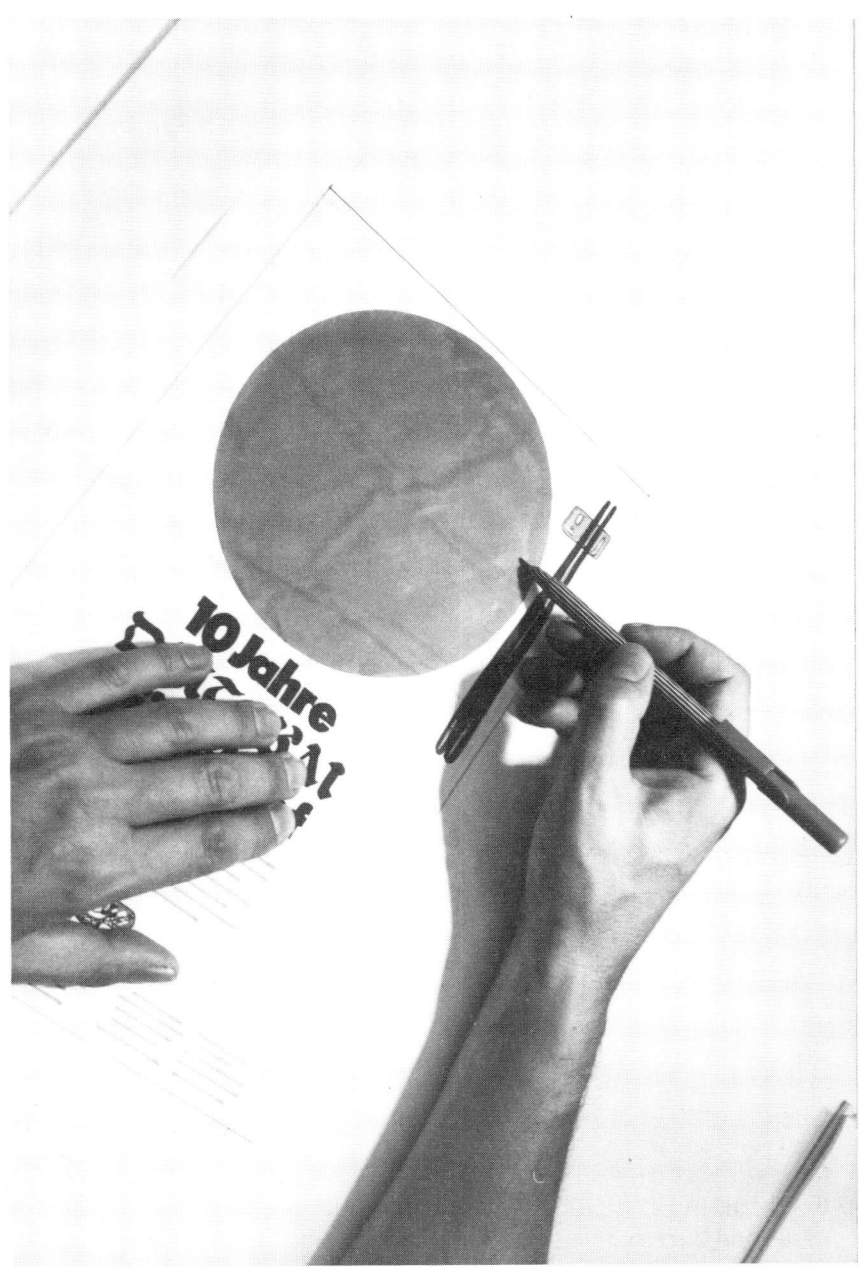

Das Layout ist die Stelle, an der man nach dem A auch B sagen muß oder sich angesichts der Kosten noch für eine „abgespeckte" Variante entscheiden kann. Jetzt können Sie noch ändern, ohne daß die Kosten davonlaufen.
Sie haben sich entschieden — Ihre Karte wird vierfarbig gestaltet.

Farbe ist schön, teuer und manchmal kitschig

Eine mehrfarbige Karte ist schön, wenn die Harmonien in Schrift, Farbe, Fotos und Grafik stimmen. Aber treiben Sie's bitte nicht zu bunt — das kann schnell sehr kitschig werden.

Farbe heißt aber auch Kosten. Jede Farbe bedeutet etwa einen Mehraufwand von 20 bis 30 Prozent bei Lithokosten und verteuert natürlich auch den Druck.

Deshalb: Bevor Sie sich für eine mehrfarbige Karte entscheiden, sollten Sie nachfolgende Kostenkriterien ins Kalkül ziehen.

Der Fotograf

Sie wollen in die Speisekarte ein Bild Ihres festlich gedeckten Hochzeittisches aufnehmen, um Ihre Tagesgäste auf die Möglichkeit hinzuweisen, bei Ihnen auch Familien- und andere Feiern auszurichten.

Sie wollen außerdem Ihr Dessert-Gedicht „Eisbombe Fromme Helene" veröffentlichen, denn die Helene ist eine wahre Verführung und außerdem ein sehr gut kalkulierter Posten in Ihrem Angebot.

Nun lernen Sie die Grenzen der Fotografen kennen. Sie engagieren einen Profi für die Aufnahme des Hochzeittisches und bitten ihn, die „Fromme Helene" doch gleich mit abzulichten. In der Regel müßte der Fotograf jetzt abwinken und Ihnen sagen: „Die Helene ist etwas für einen Food-Profi." Damit ist ein Fotograf gemeint, der sich auf Fotos von Nahrungsmitteln spezialisiert hat. Gute Food-Fotografen sind übrigens Mangelware und deshalb entsprechend teuer.

Tageshonorare für Fotografen mit Assistenten bewegen sich zwischen 1600,— und 2500,— DM. Und einige kosten auch noch ein kräftiges Stückchen mehr. Im Honorar sind nicht die Kosten für aufwendige Ausleuchtungen von großen Räumen, Film- und Fotomaterialien, Entwicklungs- und Laborarbeiten, Modelle, Reisekosten und Spesen enthalten. Auch hier gilt: Machen Sie sich vorher ein Bild über die fotografischen Gesamtkosten, damit Sie keine bösen Überraschungen erleben.

Nun steht die Basis: Manuskript, Layout, Fotos — die Reinarbeit kann beginnen.

Die Reinzeichnung als Druckvorlage

Anhand des genehmigten Layouts wird nun vom Grafiker eine Reinzeichnung Ihrer Karte angefertigt. Eine Zeichnung, die als verbindliche Vorlage für den Lithografen und für den Drucker gilt.

Der Grafiker bestimmt auf seiner weißen „Pappe", wie es in der Sprache der Werbung heißt, maßstabgerecht (meist im Verhältnis 1:1), wie groß die Bilder werden, wo sie stehen, welche Bildausschnitte genommen werden sollen, wo grafische Elemente untergebracht werden, wo Überschriften und der dazugehörige Fließtext stehen.

Auf einem sogenannten „Überleger" (meist transparentes Papier zum Schutz der Reinzeichnung) werden außerdem Anweisungen für den Lithografen und für den Drucker niedergeschrieben.

Nun müssen Sie „grünes Licht" geben

Die Reinzeichnung ist Ihre letzte Chance, noch einmal etwas zu ändern, ehe der aufwendige Prozeß der Druckvorbereitung beginnt.

Deshalb ein dringender Appell an Sie: Lesen Sie auf der Reinzeichnung noch einmal Korrektur. Lassen Sie einen oder mehrere Mitarbeiter, von denen Sie wissen, daß sie sehr gründlich sind, ebenfalls prüfen, ehe Sie „grünes Licht" geben.

Sie ärgern sich später grün und rot, wenn da „Puding" oder „Sparelkohl" steht, oder wenn unter Suppen durch eine kleine technische Panne in der Satzanstalt oder beim Grafiker in der fertigen Speisekarte „Wildtaube auf Jägerart" auftaucht und alle Beteiligten dann mit roten Ohren dasitzen und ihr Bedauern über den oder die Fehler ausdrücken.

Verlangen Sie außerdem, daß auch von Ihren Zulieferern (Grafiker/Agentur) Korrektur gelesen wird. **Die letzte Verantwortung übernehmen Sie, wenn Sie die Reinzeichnung genehmigen und dies durch Ihre Unterschrift oder Paraphe dokumentieren.**

Die Lithografie

Fotos und Reinzeichnung sind nun die verbindlichen Arbeitsunterlagen des Lithografen, der die entscheidenden Schritte zur Druckvorbereitung leistet. Er fotografiert die Reinzeichnung und zerlegt die Fotos (am besten sind Dias) auf Spezialmaschinen (computergesteuerte Scanner) in die zum Druck üblichen Farben. Er nimmt die Bilder im wahrsten Sinne des Wortes auseinander: Für einen vierfarbigen Druck, wie Sie ihn von Prospekten her kennen, wird Bild für Bild in kleine Punkte (Raster) aufgelöst. Und das gleich viermal: für rot, blau, gelb und schwarz. Jede Farbe wird zum Rasterfilm. Das spätere, millimetergenaue Zusammenspiel der unterschiedlichen Farbpunkte setzt beim Druck wieder das Bild zusammen.

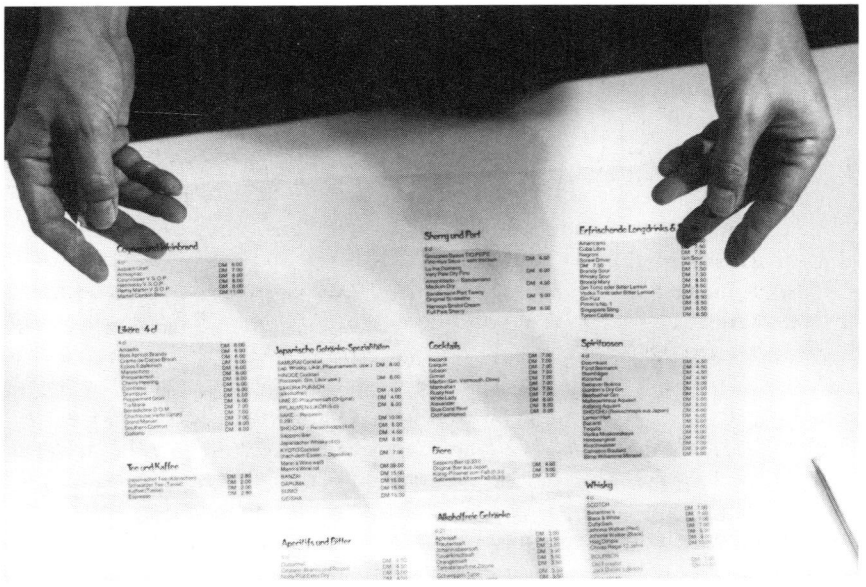

Sie können sich vorstellen, weshalb vom Lithografen sorgfältigste Arbeit verlangt wird und warum dessen Arbeit sehr kostenintensiv ist.

Das Ergebnis der Litho-Arbeiten können und sollten Sie selbst kontrollieren, denn im Normalfall erstellt der Lithograf für den Drucker eine sogenannte Farbskala (Druck der einzelnen Rasterfilme und das Bild im Zusammendruck) sowie einen Andruck. Den übrigens sollten Sie sich auf dem Papier vorlegen lassen, das für Ihre Karte ausgesucht wurde, damit Sie ein möglichst werkgetreues Abbild erhalten. Lithografen neigen nun mal dazu — wenn man sie nicht darauf hinweist — auf Kunstdruck-Papieren anzudrucken, weil ihre Arbeit dann besonders brillant erscheint.

Der Andruck ist das zweite wichtige Dokument. Denn auf einem Exemplar werden eventuelle Fehler der Lithografie, kleine Unkorrektheiten, Ungenauigkeiten (sogenannte Passer), Farbkorrektur-Wünsche und anderes festgehalten. Der Lithograf ist verpflichtet, diese Beanstandungen — soweit diese technisch lösbar sind — zu beheben und dem Drucker eine einwandfreie Arbeitsvorlage zu liefern.

In diesem Stadium haben Sie noch einmal eine relativ preiswerte Chance, Fehler auszubügeln. Denn im sogenannten Schwarzfilm läuft meist auch die Schrift (der Satz) mit. Und sollten Sie hier noch einen Fehler entdecken, dann läßt der sich häufig noch korrigieren, indem aus dem Schwarzfilm das falsche Stück herausgeschnitten wird und ein neues, richtiges Stückchen Film „eingestrippt" wird, wie die Jünger des grafischen Gewerbes sagen.

Sind die Vorlagen für den Druck okay, dann erteilen Sie „Imprimatur". Sie können dies auch unter Vorbehalt machen, wenn Sie auf den Andruck schreiben: „Nach Ausführung der Korrekturen zum Druck freigegeben, Datum, Ihr Name und die Unterschrift/Paraphe."

Der Drucker

Sie sollen hier nicht für eine Gesellenprüfung des Druckerhandwerks vorbereitet werden, Sie sollten aber ein wenig von den Vorgängen in der Druckerei kennen, weil Verstehen auch Verständnis fördert.

Aus den freigegebenen Lithofilmen fertigt sich der Drucker nun jene Platten, die das spätere Gesicht Ihrer Karte ausmachen. Dies geschieht ebenfalls über eine fotografische Aufnahme. Der Drucker belichtet durch den Rasterfilm hindurch eine speziell beschichtete Platte, die anschließend mit einer Spezialflüssigkeit „entwickelt" wird und dann in feinsten Höhen und Tiefen ein spiegelverkehrtes Bild Ihrer Drucksache abgibt. Jede Platte ist eine Farbe. Und jede Platte rotiert später mit einer Farbe auf einer Walze, die wiederum mit dem Papier in Berührung kommt, das für Ihre Karte ausgesucht wurde.

So entsteht Ihre Karte Farbe für Farbe, Platte für Platte, in Millimeter-Bruchteilen genau aufeinander eingepaßt.

Je nach Art der Druckmaschine wandert Papier für einen vierfarbigen Druck auch viermal durch die Maschine. Sie können sich vorstellen, daß jede Farbe deshalb erst einmal trocknen muß, ehe die nächste Farbe folgt, will man nichts verwischen. Natürlich läßt sich auch „naß in naß" drucken, doch — wie war das? — Sie sollen hier nicht zum Gesellen gemacht werden.

Weil Sie nun aber ein wenig von der Druckerzunft verstehen, bringen Sie auch etwas mehr Verständnis für die Probleme des Druckers auf. Zum Beispiel dann, wenn Sie versuchen, ihn in seinen Preisen zu drücken oder ihn unter Terminzwänge setzen, die eine sorgfältige Arbeit gefährden.

Auch beim Druck gilt ein altes deutsches Sprichwort: Gut Ding will (wenigstens ein bißchen) Weile haben.

Dem Druck folgt die Verarbeitung. Dazu muß die Drucksache trocken sein. Denn sie wird jetzt in eine Schneidepresse geschoben, durchläuft eine Falzmaschine oder bekommt — je nach Anforderung — eine Kordel, die in der Regel von Hand Karte für Karte geschnitten und geknüpft werden muß.

Ein Gesamtaufwand, der möglicherweise nur für 50, 100 oder 150 Speisekarten betrieben werden muß — und deshalb ins Geld geht. Denn kleine Auflage (gleich kleiner Devisor) und umfangreiche Grundkosten lassen den Einzelpreis für eine Karte in Höhen schnellen, an die mancher zuvor gar nicht gedacht hat. Dennoch: Das Geld, das für eine gute Karte ausgegeben wird, kommt dann wieder zurück, wenn Karte, Küche, gastronomische Leistung und der Gesamteindruck eines Unternehmens Harmonie ausstrahlen, und der Kunde mit wachem Verstand akzeptiert, was ihm geboten wird.

Auswege aus teurer Farbe

Die Kosten für eine Speisekarte müssen naturgemäß in vernünftiger Relation zum Gesamtertrag eines Unternehmens stehen. Es macht keinen Sinn, „edel und in Schönheit einige Monate zu existieren, um dann zu sterben", nur weil man meinte, eine besonders aufwendige Karte fürs Haus zu kreieren.

Deshalb: Auch farbige Papiere erfüllen einen Zweck. Das Angebot der Industrie ist so reichhaltig und die Palette so groß, daß sich die verschiedensten Geschmäcker und Geldbeutel auf einem Nenner treffen können.

Lassen Sie sich von Ihrem Drucker Musterbücher über farbige Papiere vorlegen. Über Papiere, die es sowohl mit griffigen Strukturen als auch mit samtig anmutendem Charakter gibt — von der „Elefantenhaut" — die gibt es wirklich als Papierqualität — bis zum „samtmatten" Offset-Papier.

Sie können durch Papier eine Farbe gewinnen, die zweite durch den Druck — und schon haben Sie ein preiswertes Kompliment und Angebot für den Gast auf dem Tisch liegen.

Sparen Sie nicht am Gewicht!

Wenn Sie beim Filet Gewicht sparen und bei der Normalportion unter 150 Gramm gehen, ziehen Ihre Gäste merklich mindestens eine Augenbraue hoch.

Wenn Sie beim Papier für Ihre Speisekarte an Stärke sparen (und damit am Papiergewicht, das nach Gramm pro Quadratmeter gemessen wird), „labbert" die Karte vor sich hin, scheint der Text von der Rückseite durch, kippt die Karte nach vorne oder zur Seite weg, wenn sie aufgefaltet wird.

Zum Vergleich: Ihr normales Brief- und Geschäftspapier bringt 70—80 Gramm Papiergewicht auf die Waage. Wenn Sie stabile Verhältnisse in die Hand des Gastes geben wollen, sollten Sie nicht unter 200 Gramm beginnen. Auch hier wieder ein Vergleich: Eine von der Deutschen Bundespost akzeptierte Postkarte braucht eine Mindest-Papier-Grammklasse von 170.

Papiergewicht ist auch eine Frage des Niveaus Ihres Hauses. Wenn Ihr Restaurant „Zum groben Ritter" heißt, werden Sie für die Karte nur dicken Karton wählen können. Sollten Sie sich auf den „Feinen Gigolo" versteifen, darf's ruhig etwas fadenscheiniger ausfallen.

Lassen Sie sich in jedem Fall von Ihren Partnern aus Grafik, Agentur und Druck zu den Papiergewichten beraten und entsprechende Papiermuster vorlegen.

Die Sache mit den DIN-Formaten

Gute Ideen sind schön, rationelle Lösungen besser, denn sie lassen sich rechnen.

Orientieren Sie sich grundsätzlich bei der Auswahl von Karten-Formaten an Normen. An DIN- oder an Papierformaten, die Ihr Drucker verarbeitet (oder verarbeiten kann).

Sie zahlen auch Papierabfälle mit, wenn Sie unbedingt ein Druckerzeugnis haben wollen, das sich kaum oder überhaupt nicht an den vorgegebenen Papier-Normen orientiert.

Abfall, den Sie bei geschickter Planung nutzen könnten. Etwa dadurch, daß Sie vom Restpapier Tischaufsteller fertigen lassen, Visiten- oder Spezialmenü-Karten drucken lassen, deren Reinzeichnungen zur gleichen Zeit vorliegen wie die für Ihre Speisekarte.

Nutzen Sie jeden Bogen Papier, denn schließlich ist es Ihr Geld, das in den Papierkorb wandert, wenn Sie (und Ihre Beratungspartner) nicht aufpassen und nicht kostenbewußt denken können.

Besonderes in Sonderformaten

Heißt Ihr Restaurant „Zum fröhlichen Weinfaß", dann werden Sie versuchen, die Speisekarte in der Form eines alten Weinfasses zu gestalten.

Ihr Haus heißt „Weißer Elefant" oder „Brauner Bär" — Sie wollen Karten vor Ihren Gästen ausbreiten, die vielleicht die Umrisse der Tiere zeigen. Solche Figuren läßt man stanzen. Achtung: Sonderformate kosten auch besonderes Geld.

Niemand hindert Sie, Phantasie zu zeigen und zum geschäftlichen Nutzen umzufunktionieren. Je nach Größe des Unternehmens und je nach Mächtigkeit seines Investitionsvolumens sind Ideen fast keine Grenzen gesetzt.

So überraschen manche Betriebe mit diesen Ideen:
— Die Speisekarte ist wie eine Urkunde zur Grundsteinlegung gerollt.
— Tagesfrische Menüs werden dem Gast auf einer kleinen Schiefertafel präsentiert.
— Die Empfehlungen werden per aufklappbarem Holzbrett (innen bedrucktes Papier) übergeben.
— Andere legen einen überdimensionierten Würfel auf den Tisch. Die sechs Würfelfelder sind dabei Ordnungsfaktor für die Menüfolge.

Sonderbehandlung für die Karte

Ein leidiges Thema ist die Schmutzanfälligkeit von Speisekarten. Hierzu zwei Hinweise:
— Papier kann beim Druck durch einen weiteren Gang in der Maschine **druck-**

lackiert werden. Dieser preiswerte Arbeitsgang hat den Vorteil, die Papieroberfläche ein wenig widerstandsfähiger gegen Flecken zu machen, gleichzeitig gibt der Drucklack der Farbe zusätzliche Brillanz.

— Sie können die Karte nach dem Druck auch mit einer Folie überziehen, fachlich **cellophanieren,** lassen. Das ist die teure Lösung, mit der Sie die Karte gegen Fett- und Wasserflecken sichern. Sollten Sie diesen Schmutzschutz wählen, dann bedenken Sie vorher, ob das Niveau Ihres Hauses eine solche Charakterveränderung der Karte verträgt. Zwar gibt es neben den üblichen Hochglanzfolien auch matt scheinende Materialien, doch wenn Ihr Gast eine Folienkarte in die Hand nimmt, hat er ein ganz anderes Gefühlserlebnis in den Fingerspitzen als bei edlen Papierqualitäten.

Wenn die Schreibmaschine bleibt

Trotz schöner Ideen und Vorschläge: Viele Unternehmen werden zur Gestaltung Ihrer Speisekarte nicht auf die Schreibmaschine verzichten. Dann aber sollte man in diesen Häusern konsequent wie eine Top-Sekretärin folgende Hinweise beachten:

— Die Schreibmaschine muß immer saubere Schrifttypen haben.

— Das beste ist eine Maschine mit auswechselbaren Schriften (Typenräder oder Kugelkopf). So können Sie Überschriften mit einem anderen Schriftcharakter versehen als den nachfolgenden Text des Angebots.

— Denken Sie bitte auch daran: Selbst mit der Schreibmaschine läßt sich ein Blatt Papier attraktiv machen, wenn man ein bißchen Wert auf ein harmonisches Gesamtbild legt.

— Zur Schönheit trägt auch bei, wenn Sie Ihrem Papier einen grafischen Rahmen geben, der zum Niveau Ihres Hauses paßt. Lassen Sie den Rahmen in genügend großer Zahl vordrucken und die Schreibmaschinenschrift eindrucken.

Etwa so:

Heute mittag

Für den gehobenen Genuß.
Küppers Wieß.
Hefetrübe Bierspezialität für Kenner.

Noch ein Appell zum Schluß: Mit der Schreibmaschine geschriebene Speiseangebote werden vervielfältigt. Dies geschieht leider allzu oft mit einem mangelhaften Kopiergerät, das Flecken oder graue Streifen produziert oder dessen Auflagefläche für das Original sträflich selten gesäubert wird. So kopieren Sie jede Fluse, Staubkörner und andere Rückstände mit und überreichen Ihren Gästen Tag für Tag eine mangelhafte Visitenkarte.

In jedem Fall erhalten Sie eine bessere Qualität, wenn Sie zum Schnelldrucker gehen, den es heute doch bald an jeder Ecke gibt. Die Kosten für den Schnelldruck können übrigens mit den Preisen Ihrer Kopien durchaus konkurrieren. Vergleichen Sie mal!

Die Pflege und das Image

Kartenpflege und Image eines gastgewerblichen Unternehmens sind untrennbar miteinander verbunden. Eine Binsenweisheit möchte man meinen, über die man eigentlich keine weiteren Worte verlieren müßte, wenn nicht täglich dagegen verstoßen würde.

Die Speck-Karte

Zu den größten Übeln, die einem Gast widerfahren, gehören jene Speisekarten, die sich kaum noch anfassen lassen, weil sie speckig und dreckig sind. Dabei sollte die Karte doch den Appetit anregen, verkaufen helfen und nicht das Geschäft dämpfen.

Wenn Karten nicht mehr gesäubert werden können, gehören sie — auch wenn ihre Herstellung noch so teuer war — in den Abfalleimer.

Die angeknabberte Karte

Da liegt sie nun, die einstmals schöne Karte. Oben fehlt ein Eckchen, der Einbandrücken ist eingerissen, der Gast muß damit klarkommen.

Der Gast sollte bei solch offensichtlicher Geringschätzung seiner Person aufstehen und sich ein anderes Lokal suchen. Defekte Karten sind keine Verkaufsförderer, sie gehören weggeworfen.

Die Geruch-Karte

Schnuppern Sie mal! Da kommen manchmal Karten auf den Tisch, die alle Küchendünste einer Woche vereinen und für den Gast eine genauso schlimme Belästigung seiner Geruchssinne sind, wie der Service-Mitarbeiter, der nach Körperschweiß riecht oder dessen Kleidung vermuten läßt, daß er sich mehr in der Küche aufhält als im Gastraum.

Auch die Geruch-Karte gehört in den Abfall. Für den Gastwirt müßte sie gleichzeitig die Frage aufwerfen, ob die Karten etwa falsch gelagert werden (zu große Nähe zur Küche) oder ob das Restaurant vielleicht schlecht gelüftet wird.

Die Korrektur-Karte

Es ist eine weit verbreitete Unsitte in der Gastronomie, neue Preise in alte Karten einzutragen. Die einen nehmen dazu Kugelschreiber oder Filzstift und übermalen einfach die Zahlen, die anderen versuchen die etwas elegantere Lösung und überkleben die ungültigen Zahlenkolonnen mit Haftetiketten.

Und solche Wirte wundern sich dann, wenn Gäste anfangen, in den Karten zu knibbeln. Sie werden ja geradezu mit der Nase darauf gestoßen, mal einen neugierigen Blick nach den alten Preisen zu tun und daraus Rückschlüsse auf die Kalkulation des Wirtes zu ziehen.

Neue Preise bedingen neue Karten und nicht diese häßlichen Kompromißlösungen, mit denen man sich auf Dauer die Gäste vergrault.

Die Strich-durch-Karte

„Herr Ober, ich hätte gerne das Rumpsteak Mirabeau." „Das ist doch längst aus", kommt die knappe Antwort an den Gast und schon greift die Servierfachkraft zum Kugelschreiber und macht an der betreffenden Stelle der Speisekarte einen dicken Strich durchs Angebot.

Andere Wirte verändern ihre Karte, indem sie zum Schreibmaschinen-X greifen und so ein Menü für ungültig erklären. Wieder andere kleben einen Streifen Papier darüber, und ganz Pfiffige lassen ein Gericht, das längst vom Küchenplan abgesetzt wurde, zwar in der Karte stehen, geben ihrem Service aber die Anweisung, Gästen mit dem Ausdruck größten Bedauerns mitzuteilen: „Leider gerade ausgegangen" oder „Wir warten noch auf eine Lieferung von unserem Metzger."

Ganz abgesehen davon, daß die Speisekarte laut Brockhaus „das Verzeichnis der vorrätigen Gerichte im Gasthaus" sein sollte und außerdem auch im Sinne des Gesetzes eine Lieferverpflichtung bedeutet: Wer mit Strichen, X und Klebestreifen die Karte korrigiert, zeigt wenig Feingefühl für eine sensible Ware und gegenüber seinem Gast.

Die Fehler-Karte

Wenn die Karte vor Fehlern strotzt, kommt manchmal beim Gast Freude auf, und er greift — wie er das weiland von seinem Lehrer kannte — zum Stift. Dann werden oft nicht nur Verbesserungen, sondern auch Kommentare von Gästen zur Blamage des Wirtes. Eine solch bearbeitete Karte muß natürlich sofort aus dem Verkehr gezogen werden — die noch nicht korrigierten Fehler-Karten sollten schnell gegen einen verbesserten Neudruck ausgetauscht werden, um die Peinlichkeiten in Grenzen zu halten.

Die rare Karte

Auch das ist ein häufig zu beobachtendes Ärgernis für den Gast: die rare Karte. Entweder ist der Wirt zu geizig, oder er hat die Auflage seiner Karten falsch kalkuliert und den Kartenschwund nicht ausgeglichen. Dem Gast jedenfalls sitzt der Service im Nacken und drängt auf Bestellung, weil er die Karten an anderen Tischen benötigt.

Ein „Haben Sie endlich was gefunden?" im Auge entreißt der Kellner dem Gast die Karte und eilt davon.

Die Speisekarte sollte stets Vorfreude auf einen Genuß bedeuten. Ohne Streß will der Gast aussuchen, sich mit seiner Begleitung beraten oder vielleicht nur einmal ein bißchen von den vielen Genüssen träumen, die noch in der Karte stehen.

Geben Sie dem Gast die Chance, in Ruhe die Karte zu studieren und für sich Menüs zu entdecken, die er vielleicht beim nächsten Mal wählen möchte. Allerdings, für den, der schon beim erstenmal mangels Karte das Gefühl haben mußte, nur geduldeter Gast zu sein, wird es das Nächstemal nicht geben.

Die Reklame-Karte

Was haben wohl der Reifenhändler Runderneuert, die Großreinigung Cleaner und der Videohändler Schauan mit dem Filet Madeleine oder der Taubenpastete gemeinsam? Nichts. Aber sie stehen einträchtig nebeneinander in der Speisekarte. Hier die Anzeige vom Reifenhändler, da die Pastete.

Reklame-Karten in dieser Form sind allenfalls etwas für den Stehimbiß, aber nicht für die gepflegte Gastronomie. Der Gast will sich orientieren und auf den bevorstehenden Genuß freuen, aber nicht in einem Wirrwarr von bunter Reklame das gastronomische Angebot suchen.

Außerdem: Sollte ein Gastwirt zugeben, daß er noch nicht einmal bereit war, für seine Speisekarte Geld auszugeben und sich statt dessen sein Angebot an den Gast durch wahllos zusammengeschnorrte Reklame finanzieren ließ?

Ausnahmen gibt es natürlich auch: Die Zulieferindustrie der Gastronomie hat einige sehr geschmackvolle Blanko-Karten ausgearbeitet, in denen weitestgehend auf Werbung verzichtet wird.

Die Nimm-mich-mit-Karte

Soll man, oder soll man nicht? Die Frage, ob man einem Gast, der eine Speisekarte zur Erinnerung mit nach Hause nehmen möchte, dafür Kosten berechnet oder nicht, kann auch hier nicht beantwortet werden. Zu unterschiedlich sind die Kosten für Karten, als daß man eine verbindliche Empfehlung aussprechen könnte.

Karten werden aber dann zum Ärgernis, wenn der Gast in zum Teil unfreundlicher Tonart über den Wert der Speisekarte belehrt wird, und es — zwar juristisch einwandfrei — in barschem Deutsch heißt: „Diese Karte ist unser Eigentum und darf nicht mitgenommen werden. Die Wirtsleute."

Wie viel mehr Verständnis bringt ein Gast dieser Formulierung entgegen: „Lieber Gast, wir halten an der Reception für Sie zur Erinnerung einen Nachdruck unserer Speisekarte bereit. Bitte, fragen Sie danach. Ihre Familie Meier."

Die Speisekarte zum Mitnehmen kann durchaus ein preiswerterer Nachdruck zum Original sein, dafür hat der Gast Verständnis. Und Sie als Gastwirt haben durch die Nimm-mich-mit-Karte ein gutes Werbemittel für Ihr Haus, das Sie unter anderem auch mal mit einem freundlichen Brief Firmen und Nachbarn zuschicken können.

Die Kinder-Karte

Kinder lenken und bestimmen Kaufentscheidungen der Erwachsenen mit. Wo Kinder ernst genommen und liebevoll aufgenommen werden, wollen sie auch künftig wieder hin. Deshalb ist der Wert einer separaten Kinderkarte nicht zu unterschätzen. Aber lustig und mit Herz muß sie gemacht sein, soll sie ansprechen. Dazu gehören einfallsreiche Menü-Namen, Zeichnungen und eventuell Buntstifte, mit denen die kleinen Gäste ihre Speisekarte ausmalen können, um die Zeit bis zum Essen zu überbrücken.

Make up macht man jeden Tag

Ein Gastronomiebetrieb, dessen Leitung verantwortungsbewußt und gastfreundlich denkt, wird seinen Karten tägliche Aufmerksamkeit widmen. Zu wichtig und wertvoll ist diese Verkaufshilfe, als daß sie auch nur einen Augenblick vernachlässigt werden darf.

So wie sich eine gepflegte Frau täglich neu mit ihrem Make up beschäftigt und damit ihr Erscheinungsbild in der Öffentlichkeit festlegt, so müssen auch Karten gepflegt und pfleglich behandelt werden. Ein Mitarbeiter des Service, der zum Beispiel die Speisekarte mürrisch mit allzuviel Schwung auf den Stapel wirft, dokumentiert damit wenig Verantwortungsgefühl. Zu leicht knickt die Karte, zu schnell wird ihr harmonisches Bild unansehnlich und unappetitlich.

Die Karten Ihres Hauses sind Visitenkarten, die über Ihren Ruf und Ihre Existenz mitentscheiden.

III. Teil

Küchenbrigade

Küchenbrigade

Es ist die Gesamtheit der in der Küche eines Hotel- und Gaststättenbetriebes eingesetzten Köche, Jungköche und Auszubildenden.

Die Postengliederung (arbeitsteiliges System) wird von Abteilungsköchen (chefs de partie) gekennzeichnet, denen Jungköche (commis) und Auszubildende (apprentis) unterstellt sind.

Die Stärke der Gliederung einer Küchenbrigade ist weitgehend abhängig von der Betriebsstruktur (Betriebsart, Betriebsgröße und Sortimentsgliederung).

Man spricht in diesem Zusammenhang von ,,kleinen" bzw. ,,großen" Küchenbrigaden.

Leiter der Küche mit entsprechenden Anordnungs- und Entscheidungsbefugnissen, die klar und unmißverständlich in einer Stellenbeschreibung (job description) festgelegt sind, ist der Küchenchef (chef de cuisine), in großen Hotelbetrieben mit mehreren Küchen der Küchendirektor (directeur de cuisine).

Küchendirektoren sind auch in Hotelkonzernen und Restaurantketten tätig. Ihnen obliegen die Aufgabe der Koordination der Küchen, Kontrollaufgaben und Aufgaben im Rahmen von Verkaufsförderungsmaßnahmen (z.B. Organisation kulinarischer Aktionen).

Bei Abwesenheit des Küchenchefs erfüllt die Aufgaben sein Vertreter (Sous-Chef), in den meisten Fällen der Chef saucier.

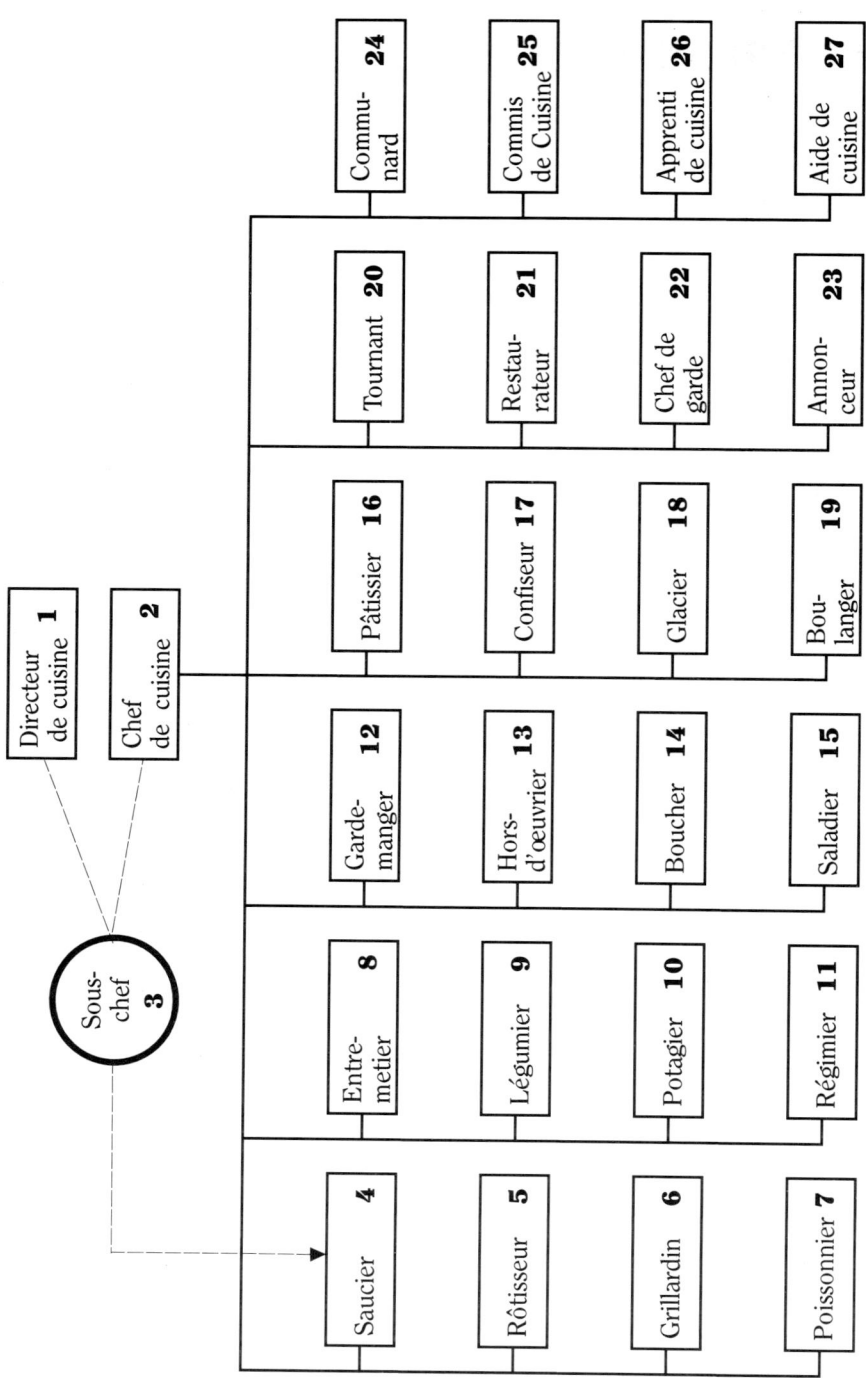

Aufgabenbereiche

1 — Mitwirken bei der Personalbedarfsplanung, Personalbeschaffung, bei Personaleinstellungen und -entlassungen

2 — Durchführen der Mitarbeiter-Einführung

3 — Festlegen der Besetzung der Arbeitsplätze der Abteilung

— Regeln der Diensteinteilung

— Erstellen der betrieblichen Ausbildungspläne

— Überwachen der Ausbildung Auszubildender

— Durchführung von Schulungsmaßnahmen

— Regeln disziplinarischer Angelegenheiten

— Beobachten des Beschaffungsmarktes hinsichtlich neuer Produkte, der Preise und Bezugsbedingungen

— Ermitteln des Warenbedarfs (Bedarfsmeldungen)

— Kontrollieren des Wareneingangs und Prüfen der Waren

— Überwachen des Wareneinsatzes und Qualitätskontrollen

— Führen einer Rezeptkartei

— Mitwirken bei der Gestaltung der Speisekarten

— Erstellen von Menüs

— Durchführen von Mengen- und Preiskalkulationen

— Organisieren von Sonderessen und Verkaufsförderungsmaßnahmen

— Überwachen des Personalessens

— Gestalten von Arbeitsabläufen, Arbeitsrichtlinien und Formularen

— Bestimmen des Maschineneinsatzes

— Überwachen der Sauberkeit und Hygiene-Vorschriften

— Beobachten der Kostenentwicklung der Abteilung

— Durchführen der Bonkontrolle bei der Essensausgabe

— Mitwirken bei der Erstellung von Erfolgsrechnungen

— Mitwirken bei Budgetbesprechungen

— Mitwirken bei der Behandlung von Gäste-Reklamationen

4 Verantwortlich für Soßen, Soßengerichte (Ragouts) und Braten

5 Verantwortlich für Braten und gebackene Speisen (Friteuse)

6 Verantwortlich für Grillgerichte, Beilagen und Garnituren

7 Verantwortlich für Fischgerichte, Fischsuppen, Garnituren, Lagerung

8 Verantwortlich für Gemüse, Kartoffeln, Eierspeisen, Suppen, Teigwaren, Reis und Mehlspeisen

9 Verantwortlich für Gemüsegerichte und deren Soßen

10 Verantwortlich für Suppen, Garnituren und Eintopfgerichte

11 Verantwortlich für Diätgerichte, insbesondere in Sanatorien, Kurhotels, Ferienhotels, Krankenhäuser

12 Verantwortlich für Kühlhausverwaltung, kalte Gerichte, kalte Soßen, Beilagen und kalte Büfetts

13 Verantwortlich für kalte Vorspeisen

14 Verantwortlich für Fleischbearbeitung

15 Verantwortlich für Salate und Salatsoßen

16 Verantwortlich für Süßspeisen und Kleingebäck

17 Verantwortlich für Zuckerwaren, Pralinen, Feingebäck

18 Verantwortlich für Eissspeisen und Garnituren

19 Verantwortlich für Brot, Brötchen, u.a.

20 Verantwortlich für die Vertretung der Köche („Springer")

21 Verantwortlich für à la carte-Gerichte, Frühstücksgerichte

22 Verantwortlich für die Überbrückung verkaufsschwacher Zeiten, in denen bei gedrosselter Betriebsführung nicht alle Köche anwesend sind

23 Verantwortlich für die Bekanntgabe der Bestellungen durch Ausrufen

24 Verantwortlich für die Personalkantine und das Personalessen

25 Jungkoch, einem Abteilungskoch unterstellt, als solcher z.B. Commis saucier, commis gardemanger, usw.

26 Auszubildender im Ausbildungsberuf „Koch-Köchin"

27 Kochgehilfe in einer kleinen Brigade, der meistens einen Posten selbständig ausfüllt

Rezeptkartei (siehe Formblatt 166!)

Die Rezeptkartei ist ein wirksames Organisations-Hilfsmittel, bei deren Einsatz ...

... die Gerichte standardmäßig hergestellt werden und dem Gast immer die gleiche Qualität und Quantität geboten wird

... die Küche wirtschaftlicher arbeitet, da die Materialien eingesetzt werden, die kalkuliert wurden

... sich neue Mitarbeiter schnell informieren können

... die Gerichte exakt kalkuliert werden können

... seltener hergestellte Gerichte nachgeschlagen werden können

... sich ausgezeichnete Schulungen der Mitarbeiter durchführen lassen

... das Bedienungspersonal für die Beratungsfunktion eine unerläßliche Informationsquelle besitzt

... der gastgewerbliche Nachwuchs im Betrieb Ausbildungsunterlagen entnehmen kann

... zu neuen Ideen angeregt wird

REZEPTKARTEI

ARTIKEL-NUMMER:

Name des Gerichtes:	Anrichteweise:	Foto (Illustration)
	Portionen:	
	Materialpreis:	
	Verkaufspreis:	
	Verkaufszeit:	
	Verkaufsabteilung:	

Zutaten	Benötigte Mengen	Preis à	DM	Zubereitungsanleitung

166

IV. Teil

Aufgabensammlung

Aufgabensammlung

Auszubildende der Ausbildungsberufe „Koch — Köchin", „Restaurantfachmann — Restaurantfachfrau", „Hotelfachmann — Hotelfachfrau", „Kaufmannsgehilfe im Gastgewerbe" und „Fachgehilfe im Gastgewerbe" müssen frühzeitig an die Menügestaltung herangeführt werden.

Die folgende Aufgabensammlung soll betrieblichen Ausbildern, aber auch Berufsschullehrern Hilfen und Empfehlungen geben. Insbesondere die Besprechung und Berichtigung der fehlerhaften Menüs bieten eine gute Grundlage für Lehrgespräche.

Ebenso können sich Auszubildende mit den gestellten Aufgaben auseinandersetzen und selbsttätig lernen.

Aufgabe 1: Formulieren Sie zehn wichtige Gebote, die beim Aufstellen von Menüs zu beachten sind. *(siehe Seite 13)*

Aufgabe 2: Gliedern Sie — folgerichtig — die klassische Speisefolge, und nennen Sie zu jedem Gang die deutsche und französische Fachbezeichnung. *(siehe Seite 26)*

Aufgabe 3: Was haben Sie bei der Verwendung geographischer Attribute in einem Menü zu berücksichtigen? *(siehe Seite 35)*

Aufgabe 4: Nennen Sie acht Suppen — möglicherweise mit Garnituren — die sich für ein vegetarisches Menü eignen würden. *(siehe Seite 67)*

Aufgabe 5: Nennen Sie acht Suppen — möglicherweise mit Garnituren — die sich für ein Fasten-Menü eignen würden. *(siehe Seite 64)*

Aufgabe 6: Erstellen Sie fünf Gerichte vom Schlachtfleisch mit harmonischen Beilagen, die sich als „rôt" für ein Herrenessen eignen würden. *(siehe Seiten 31 + 61)*

Aufgabe 7: Erstellen Sie fünf Gerichte, die sich als „entremets de légumes" für ein Menü im Frühjahr eignen würden. *(siehe Seite 31)*

Aufgabe 8: Erstellen Sie fünf Gerichte vom Hausgeflügel mit harmonischen Beilagen, die sich als „relevé" für ein Oster-Menü eignen würden. *(siehe Seiten 30 + 55)*

Aufgabe 9: Erstellen Sie fünf Gerichte vom Haarwild mit harmonischen Beilagen, die sich als „grosse pièce" für ein Jagd-Menü eignen würden. *(siehe Seiten 30 + 62)*

Aufgabe 10: Erstellen Sie fünf Gerichte vom Wildgeflügel mit harmonischen Beilagen, die sich als „entrée chaude" für ein Weihnachts-Menü eignen würden. *(siehe Seiten 30 + 56)*

Aufgabe 11: Erstellen Sie fünf Gerichte von Süßwasserfischen mit harmonischen Beilagen, die sich als „poisson" für ein Silvester-Menü eignen würden. *(siehe Seiten 29+58)*

Aufgabe 12: Erstellen Sie fünf Gerichte von Salzwasserfischen mit harmonischen Beilagen, die sich als „poisson" für ein Degustations-Menü eignen würden. *(siehe Seiten 29+76)*

Aufgabe 13: Anläßlich eines Steh-Empfangs sollen Canapés gereicht werden. Stellen Sie zehn verschiedene Canapés zusammen, wobei sich die verwendeten Rohstoffe und Garnituren nicht wiederholen dürfen. *(siehe Seite 111)*

Aufgabe 14: Welche Gangbezeichnung (Deutsch und Französich) können folgende Gerichte tragen? *(siehe Seite 26)*

Grießflammeri mit Himbeersoße

Rheinischer Sauerbraten
Wirsingkohl
Butternudeln

Kabinettpudding
mit Weinschaumsoße

Stangenspargel
mit holländischer Soße

Verlorene Eier mit Lachsmus

Gebratene Ente
mit Orangensoße
Waffelkartoffeln
Selleriesalat

Rinderzunge in Madeirasoße
Feine Erbsen
Dampfkartoffeln

Hechtklößchen mit Weißweinsoße
im Reisrand

Gedämpfte Kalbsröllchen
Karottengemüse
Kartoffelbrei

Fasanenessenz
Chesterstange

Aufgabe 15: Erkennen Sie die Fehler, die beim Schreiben folgender Gerichte gemacht wurden?

Rehrücken gespickt nach Förster-Art

Roastbeaf Englischer Art

Panniertes Schweineschnitzel m. pommes frite

Spargelcrème

Mit Wachholder ger. Forellenfillet

Aufgabe 16: Auch bei der Aufstellung einer Speisekarte sollte der AIDA-Effekt berücksichtigt werden. Was heißt „AIDA-Effekt"? *(siehe Seite 13)*

Aufgabe 17: Erstellen Sie fünf „Kinderteller", die Sie in der Rubrik „Wir haben auch an unsere kleinen Gäste gedacht" auf die Speisekarte setzen können. *(siehe Seite 69)*

Aufgabe 18: Geben Sie an, welche Speisen der folgenden Speisefolge von welchen Posten in der Küche zubereitet bzw. angerichtet werden. Verwenden Sie die gebräuchlichen Fachausdrücke! *(siehe Seite 163)*

„Lucca-Augen"
(Tatar auf Röstbrotschnitte
mit Auster und Kaviarkranz)
*

Doppelte Kraftbrühe mit Madeira
*

Verlorene Eier
auf Blattspinat
mit Schinkenstreifen
*

Gedünstete Seezungenröllchen
mit Weißweinsoße
Butterreis
*

Gebratener Hammelrücken
mit Gemüse von weißen Bohnen
Bäckerkartoffeln
*

Fürst-Pückler-Halbgefrorenes
Nougat-Pralinen

Aufgabe 19: Anläßlich der Eröffnung der Bundesgartenschau gibt die Stadtverwaltung Stuttgart im Hotel, in dem Sie beschäftigt sind, einen Empfang für 140 prominente Gäste.
Sie erhalten den Auftrag, für das Festbankett, das am 10. Mai 19... um 19.00 Uhr beginnt,

2 Menüvorschläge gehobener Preisklasse
mit jeweils 5 Gängen

zu erstellen.
Achten Sie darauf, daß sich in den Menüvorschlägen die Hauptrohstoffe und Beilagen nicht wiederholen. Fischgerichte werden
vom Gastgeber nicht gewünscht. Mokka ist zahlenmäßig nicht als
Gang zu werten.

Aufgabe 20: Wodurch unterscheiden sich die folgenden Gänge der klassischen Speisefolge voneinander: *(siehe Seiten 30+31)*

grosse pièce — relevé — Rôt

Aufgabe 21: Ordnen Sie die folgenden Gänge nach dem Muster der klassischen Speisefolge
*rôt, hors-d'œuvre froid, entrée chaude, potage, entremets de dou-
ceur chaud, fromage*
und erstellen Sie danach zwei Speisefolgen, die sich für ein Jagdessen eignen. *(siehe Seiten 26+62)*

Aufgabe 22: Erstellen Sie fünf Gerichte vom Rindfleisch, die sich als „hors-
d'œuvre froid" für ein Herrenessen eignen. *(siehe Seiten 29+61)*

Aufgabe 23: Erstellen Sie fünf Fischgerichte mit passenden Beilagen, die sich
für ein Jagdessen eignen. *(siehe Seiten 29+62)*

Aufgabe 24: Erstellen Sie zwei herbstliche Herren-Menüs für 60 Personen.
Der Gastgeber lehnt Geflügelgerichte und gebundene Suppen ab.
In jedem Menü wird als Vorspeise ein Gericht aus Krustentieren
erwartet. *(siehe Seite 61)*

Aufgabe 25: Im Rahmen der betrieblichen Verkaufsförderung erweisen Sie
dem Marketing-Club Ihrer Stadt eine Reverenz und laden 45 Her-
ren dieses Clubs und einige ausgewählte Pressevertreter zu einem
Herrenessen ein.
Das im Mai stattfindende Essen im feierlichen Rahmen soll ein
Degustations-Menü sein und aus acht Gängen bestehen.
Der Sättigungswert ist über die Portionierung zu steuern. Der
Service erfolgt in Form von Tellergerichten. *(siehe Seite 61)*

Aufgabe 26: Als Mitglied des Jagdvereins „Halali 1890" und Hotelier laden Sie
nach einer morgendlichen Hubertus-Messe, die in der Pfarrkirche
Ihres Ortes stattfindet, am 3. November 19... die 80 Mitglieder
des Vereins zu einem feierlichen Gala-Jagdessen ein. Mit Ihrem
Küchenchef besprechen Sie das 6gängige Menü, das keine gebundenen Suppen, Innereien und Eierspeisen enthalten soll.
(siehe Seite 62)

Aufgabe 27: Erstellen Sie zwei Silvester-Menüs mit jeweils folgenden Gängen:
(siehe Seite 58)

Hors-d'œuvre froid	*Potage*
*	*
Potage	*Entrée chaude*
*	*
Poisson	*Sorbet*
*	*
Grosse pièce	*Rôt*
*	*
Entremets de douceur froid	*Entremets de douceur chaud*

Aufgabe 28: Bei Übungen zur Menükunde legt Ihnen ein Auszubildender folgenden Menü-Entwurf vor und bittet Sie, diesen Entwurf sprachlich und fachlich zu besprechen und gegebenenfalls zu berichtigen:
(siehe Seite 13)

Bündener Fleisch
auf Walldorff-Salat
Toast + Butter

*

Rahmsuppe Dubarry

*

Champignons â la crème
im Blätterteigpastetchen

*

Gegrillte Hechtschnitte
Sc. mousseline
Pomme chateau
Gründer Bohnensalat

*

Rinderlende Wellington
Trüffelsoße
Tomate grillé
Brokkoli und Staudensellerie

*

Eissoufflé
mit Grand Manier

— Italienische und schweizerischer Käse:

    Pel Paese, Gorgonsola, Martadella, Greyerzer,
    Tilsiter, Stilton, Emmenthaler

Aufgabe 29: Auf Schloß Johannisberg weilt in der Zeit vom 2. bis 6. Dezember 19... eine Jagdgesellschaft (40 Damen und Herren) aus England. Die Gastgeber, Fürst Paul Alfons von Metternich und Fürstin Tatjana, planen als Abschluß dieser Einladung im Hotel, in dem Sie tätig sind, ein Festessen, an dem auch 54 Damen und Herren ihrer eigenen Jagdgruppe teilnehmen.
Sie erhalten den Auftrag, für das Festessen im Salon-Jagdstil, das am 4. Dezember 19... um 19.00 Uhr beginnt, zwei druckreife Menüvorschläge mit jeweils sechs Gängen zu unterbreiten.
Das Festessen soll keine gebundenen Suppen und keine Gerichte aus Schweinefleisch enthalten.
Mokka ist zahlenmäßig nicht als Gang zu werten. *(siehe Seite 62)*

Aufgabe 30: Im Rahmen eines festlichen Essens, an dem 30 Damen und Herren teilnehmen, sollen die kalten Vorspeisen in Form von zwei Vorspeisen-Tabletts (Cabaret mit raviers) angeboten werden. Jedes Tablett enthält acht Glasschälchen.
Stellen Sie 16 kalte Vorspeisen zusammen, die sich für diese Angebotsform eignen würden. *(siehe Seite 110)*

Aufgabe 31: In einem Ferienhotel am Bodensee (Sommersaison) erhalten die Pensionsgäste (ca. 60) sonntags ein viergängiges Menü, das wahlweise aus einer kalten Vorspeise *oder* Suppe
aus einem Fischgang
aus einem Hauptgang
und wahlweise einer kalten *oder* warmen Süßspeise
besteht.
Erstellen Sie die Menüs für drei aufeinanderfolgende Sonntage. *(siehe Seite 26)*

Aufgabe 32: Erstellen Sie fünf Gerichte von Schalen- und Krustentieren mit harmonischen Beilagen, die sich als „entrée chaude" für ein Silvester-Menü eignen würden. *(siehe Seiten 30 + 58)*

Aufgabe 33: Erstellen Sie vier Gerichte von verschiedenen Fleischstücken des Hammels, die sich als „rôt" in einem Menü eignen würden.
Ordnen Sie jedem Gericht eine typische Soße und typische Beilagen zu, die sich nicht wiederholen dürfen. *(siehe Seite 26)*

Aufgabe 34: Am 20. August 19... findet in Ihrem Hotel der Sommerball des Golf-Clubs „Rot-Weiß" statt.
Unterbreiten Sie dem Gastgeber zwei druckreife Menüvorschläge mit jeweils fünf Gängen für das Essen, an dem 165 Personen (Damen und Herren) teilnehmen.
Der Gastgeber wünscht keine Wildgerichte. Anstelle der sonst üblichen Suppe soll in jedem Menü eine Kaltschale angeboten werden.
Achten Sie darauf, daß sich in den Menüs die Hauptrohstoffe und Beilagen nicht wiederholen.
Mokka ist zahlenmäßig nicht als Gang zu werten.

Aufgabe 35: An einem Festessen nehmen acht gemäßigte Vegetarier teil. Der Gastgeber erwartet zwei entsprechende Menüvorschläge mit jeweils fünf Gängen (Jahreszeit: Herbst). *(siehe Seite 67)*

Aufgabe 36: In der Adventszeit bestellen Gäste für 45 Personen ein Fasten-Menü. Unterbreiten Sie dem Gastgeber zwei entsprechende Menü-Vorschläge mit jeweils vier Gängen. *(siehe Seite 64)*

Aufgabe 37: Das folgende Menü — von einem Auszubildenden im ersten Ausbildungsjahr konzipiert — gibt Anlaß zur Kritik. Finden Sie die sprachlichen und fachlichen Fehler und berichtigen Sie sie! *(siehe Seite 13)*

Menü

Hasenpastete in der Teigkruste
Sc. Cumberland
Walldorf-Salat
*

Tomatenkremsuppe
mit gerösteten Brotwürfel
*

Poschierte Zanderschnitte
mit einer Krebsensoße
und Trüffelscheiben
Blätterteighalbmonde
*

Himbeersorbett
*

Rinderlende Wellington
mit Perigodsoße
Vichy-Karotten
Glasierte Maronen
Tomate, grlliert
Pommes croquettes
*

Staudensellerie mit Roqufortcrème
*

Eisbömbchen „Nesselrode"

Aufabe 38: Zum Festessen anläßlich der feierlichen Eröffnung des Berlin Penta Hotels im Juni 19... werden 350 Gäste erwartet.
Unterbreiten Sie dazu zwei Menüvorschläge gehobener Preisklasse mit jeweils vier Gängen.
Jedes Menü soll mit einer kalten Vorspeise — aus Geflügel bestehend — beginnen.
Gerichte von Salzwasserfischen und Schweinefleisch werden abgelehnt.

Aufgabe 39: Sie wollen im Mai/Juni des Jahres eine Spargel-Erdbeer-Aktion durchführen.
Gestalten Sie eine Sonderkarte, in der zehn verschiedene Spargelgerichte und zehn verschiedene Erdbeerspeisen aufgeführt werden.

Aufgabe 40: An einem Freitag im August — spätnachmittags — trifft der Damen-Kegelclub ,,Alle Neune!" mit 30 Personen im Landgasthof ,,Witte" in der Lüneburger Heide ein.
Am Abend wird für die Gäste ein 4gängiges Menü mittlerer Preislage serviert.
Nach einem Kegelturnier am Samstagvormittag mit dem ortsansässigen Kegelclub ,,Gut Holz!" nehmen 50 Personen teil, das drei Gänge umfaßt.
Gastwirt Witte hat für den Damen-Kegelclub auch die Essen am Samstagabend und Sonntag mittag zu erstellen, die jeweils aus drei Gängen bestehen sollen.
Welche Menüvorschläge hätten Sie unterbreitet?

Aufgabe 41: Unter dem Motto ,,Herbstliche Lese" führt das Hotel ,,Zum Hirsch" in Braunlage im September/Oktober eine kulinarische Verkaufsförderungsaktion durch.
Entwerfen Sie eine entsprechende Sonderkarte, die entsprechende Vorspeisen, Suppen, Hauptgerichte und Nachspeisen enthalten soll.

Aufgabe 42: Textilfabrikant Theo Tuch, dessen Sohn Siegfried am 14. Juni 19... heiratet, lädt zum Polterabend-Essen den Junggesellen-Schützen-Verein ,,Gut Schuß!" (40 Personen) und den Männergesang-Verein ,,Goldene Kehle" (30 Personen) ein.
Dafür erwartet Theo Tuch zwei Menüvorschläge mittlerer Preislage mit jeweils vier Gängen.
Für das Hochzeitsessen, an dem 55 Personen teilnehmen, und das auch im Hotel, in dem sie tätig sind, stattfindet, erwartet Theo Tuch ebenfalls zwei Menüvorschläge gehobener Preisklasse mit jeweils sechs Gängen.
Gestalten Sie die Menüvorschläge druckreif!   *(siehe Seite 82)*

Aufgabe 43: Küchenchef Fritz Fleißig muß für die Familie Jedermann, deren Sohn Klaus im April konfirmiert wird, zwei Menüvorschläge mit jeweils fünf Gängen für das Konfirmations-Essen, an dem 35 Personen teilnehmen, ausarbeiten.
Klaus wünscht sich entweder Schokoladenkrem oder Kaiserschmarrn als Süßspeise. Außerdem ißt Klaus gern Omeletts und Sauerbraten.
Wir würden Sie unter Berücksichtigung der geäußerten Wünsche die Menüs gestalten?   *(siehe Seite 82)*

178

Aufgabe 44: Pfarrer Stefan Segen ist der Initiator eines Essens, das alljährlich in seiner Gemeinde am Erntedankfest im Gemeindehaus durchgeführt wird und an dem etwa einhundert Personen teilnehmen.
Das Essen wird vom Gasthof „Zur Reblaus" — einem gutbürgerlichen Restaurant zubereitet und angeliefert.
Das Menü soll drei Gänge umfassen.
Machen Sie dazu Ihre Vorschläge!

Aufgabe 45: Berufsschullehrer Gerhard Gütig unterrichtet in einer Fachklasse für Köche und feiert im Februar sein 25jähriges Berufsjubiläum. Als sein Schüler wissen Sie, daß Gütig ein „Anbeter" von Pilzen und Salaten ist.
Da das Jubiläums-Essen, an dem 30 Personen teilnehmen, im Hotel stattfindet, in dem Sie ausgebildet werden, machen Sie sich Gedanken darüber, wie die Menüvorschläge gestaltet werden können und versuchen, ihren Küchenchef entsprechend zu „beraten".

Aufgabe 46: Das folgende Menü enthält zahlreiche sprachliche und fachliche Fehler.
Berichtigen Sie, aber nehmen Sie nur Änderungen vor, die unvermeidlich sind. *(siehe Seite 13)*

Menü

Aalgalantine
mit Dillmayonnaise
*
Rahmsuppe St. Germein
*
Hechtklöschen in Sc. au vin blanc
Risotto
Radichio-Salat
*
Kalbsrücken Nelson
mit feinen Erbsen, haricot verts
Blumenkohlrößchen, Vischy-Karotten,
Artischokenböden mit tomate concasse
Pommes gaufretts
*
Crepe Susette
*
Coupe Maltaise

179

Aufgabe 47: Den Abschluß eines Festessens, an dem 350 Personen teilnehmen, sollen ein Käsebüfett und ein Süßspeisenbüfett bilden.
Das Käsebüfett soll jeweils zwei Käsesorten aus Holland, England, Italien, Deutschland, Frankreich und der Schweiz beinhalten.
Das Süßspeisenbüfett soll sechs kalte und sechs warme Süßspeisen beinhalten.

Aufgabe 48: Welche der folgenden Gerichte sind sprachlich bzw. fachlich fehlerhaft abgefaßt? *(siehe Seite 13)*

— *Frischer Spargelsalat*
— *Steinpilzragut aux fines herbes im Reisrand*
— *Lachsschnitte vom Grill mit holländischer Soße und Dampfkartoffeln*
— *Coktail von frischer Hawai-A nanas*
— *Reis Trautmannsdorf*
— *Navarin de mouton mit Salzkartoffeln*

Aufgabe 49: Welche Gerichte müssen Sie bei einem Angebot für vegetarische Speisefolgen streichen? *(siehe Seite 67)*

— *Kartoffelpuffer mit Apfelmus*
— *Bisque d'écrevisses*
— *Quiche lorraine*
— *Irish stew*
— *„Lucca-Augen"*
— *Consommé Colbert*
— *Coulibiac de saumon*
— *Vol-au-vent à la reine*
— *Omelette à la Rossini*
— *Spiegeleier nach Florentiner Art*
— *Croquettes de volaille*
— *Grünkernsuppe*
— *Blinis*
— *Kalbshirn mit schwarzer Butter*
— *Tartelettes aux champignons*
— *Crêpes aux épinards*
— *Soufflé de chicorée*

Aufgabe 50: In einem Lehrgespräch werden die beiden folgenden Menüs kritisiert.

Welche sprachlichen und fachlichen Fehler wurden gemacht?

(siehe Seite 13)

Menü

*Ententerine
mit Bar-le-Duc-Soße
Stangenbrot*

*

Überbackenes Schneckensüppchen

*

Froschschenkel Orly

*

*Perlhuhnbrust gebraten
mit Butternudeln
Johannesbeergelee*

*

*Paradiesäpfel
mit Feingebäck*

*

Welsh rabbit

Menü

*Echte Stra ßbourger Gänseleberpastete
getrüffelt*

*

Bisque d' écrevisses

*

*Eierkrusteln
mit Tomatensoße*

*

*Schleihe à la meunière
zerl. Butter
geb. Petersilie
Gurken in Dill
Herzogin-Kart.*

*

*Chateaubriand
Sc. bernaise
S pargelgemüse
Pommes alumetts*

*

Profiteroles au chocolate

181